《地球・子供・家》の危機

SDGs時代の「住まい」を考える

釜中　明

《地球・子供・家》の危機

SDGs時代の「住まい」を考える

◉

目次

第2章　「地球」の危機　71

第3章 「子供」の危機 115

第4章 「家」の危機 133

第5章　子供たちのための「住まい」の特別授業　前編　163

第6章　子供たちのための「住まい」の特別授業　後編　195

2018年8月、スウェーデンの環境活動家グレタ・トゥンベリさん15歳が、2週間学校を休み「気候のためのスクールストライキ」と叫び、議会前に座り込んだ。（はじめに記述）
以後、若者たちが共鳴し、気候行動サミット前の2019年9月20日、世界各地で開かれた「グローバル気候マーチ」に760万人が参加。若者を中心に世界的な活動になっている。（写真はグレタ・トゥーンベリさんツイッターより）

はじめに――地球・子供・家の「住み心地」を考えよう

2018年8月、記録的な熱波や山火事で多くの被害者を出したスウェーデンで、15歳の少女グレタ・トゥンベリさんが2週間学校を休み「気候のためのスクールストライキ」と叫んだ。石炭と石油の化石燃料による二酸化炭素（CO_2）の排出に対して、より強い気候変動対策を訴えて、議会前で座り込みを続けたのだ。

さらに彼女が一気に注目を集めたのは、ポーランドで同年12月に開かれた温暖化対策のための気候変動枠組条約第24回締約国会議（COP24）だ。

「あなたたちは子供たちを愛していると言いながら、子供たちの未来を奪っているのです」おさげ髪にあどけなさが残るトゥンベリさんが、各国の政治家や高官に投げかけた鋭い言葉に会場は静まり返ったという。

以下は、2019年にニューヨークで行われた気候行動サミットにおいて、約60か国の首脳や閣僚を前に、16歳のトゥンベリさんが行ったスピーチである。

国際連合（国連）気候行動サミット（ニューヨーク）で怒りの演説　２０１９年9月23日

グレタ・トゥンベリさんのスピーチ全文

私が伝えたいことは、私たちはあなた方を見ているということです。そもそも、すべてが間違っているのです。私はここにいるべきではありません。私は海の反対側で、学校に通っているべきなのです。

あなた方は、私たち若者に希望を見いだそうと集まっています。よく、そんなことが言えますね。あなた方は、その空虚なことばで私の子ども時代の夢を奪いました。それでも、私は、とても幸運な1人です。人々は苦しんでいます。人々は死んでいます。生態系は崩壊しつつあります。私たちは、大量絶滅の始まりにいるのです。なのに、あなた方が話すことは、お金のことや、永遠に続く経済成長というおとぎ話ばかり。よく、そんなことが言えますね。

30年以上にわたり、科学が示す事実は極めて明確でした。なのに、あなた方は、事実から目を背け続け、必要な政策や解決策が見えてすらいないのに、この場所に来て「十分にやってきた」と言えるのでしょうか。

あなた方は、私たちの声を聞いている、緊急性は理解している、と言います。しかし、どんなに悲しく、怒りを感じるとしても、私はそれを信じたくありません。もし、この状況を本当に理解しているのに、行動を起こしていないのならば、あなた方は邪悪そのものです。

だから私は、信じることを拒むのです。今後10年間で（温室効果ガスの）排出量を半分にしようという、一般的な考え方があります。しかし、それによって世界の気温上昇を1・5度以内に抑えられる可能性は50％しかありません。人間のコントロールを超えた、決して後戻りのできない連鎖反応が始まるリスクがあります。50％という数字は、あなた方にとっては受け入れられるものなのかもしれません。しかし、この数字は、（気候変動が急激に進む転換点を意味する）「ティッピング・ポイント」や、変化が変化を呼ぶ相乗効果、有毒な大気汚染に隠されたさらなる温暖化、そして公平性や「気候正義」という側面が含まれていません。この数字は、私たちの世代が、何千億トンもの二酸化炭素を今は存在すらしない技術で吸収することをあてにしているのです。

私たちにとって、50％のリスクというのは決して受け入れられません。その結果と生きていかなくてはいけないのは私たちなのです。

国連気候行動サミットスピーチでのグレタさん
（https://www.youtube.com/watch?v=v33ro5lGHQg&feature=youtu.be）

ＩＰＣＣが出した最もよい試算では、気温の上昇を１・5度以内に抑えられる可能性は67％とされています。

しかし、それを実現しようとした場合、２０１８年の1月1日にさかのぼって数えて、あと４２０ギガトンの二酸化炭素しか放出できないという計算になります。

今日、この数字は、すでにあと３５０ギガトン未満となっています。これまでと同じように取り組んでいれば問題は解決できるとか、何らかの技術が解決してくれるとか、よくそんなふりをすることができますね。今の放出のレベルのままでは、あと8年半たたないうちに許容できる二酸化炭素の放出量を超えてしまいます。

今日、これらの数値に沿った解決策や計画はまったくありません。なぜなら、これらの数値はあなたたちにとってあまりにも受け入れがたく、そのことをありのままに伝えられるほど大人になっていないのです。

あなた方は私たちを裏切っています。しかし、若者たちはあなた方の裏切りに気づき始めています。未来の世代の目は、あなた方に向けられています。

もしあなた方が私たちを裏切ることを選ぶなら、私は言います。「あなたたちを絶対に許さない」と。

私たちは、この場で、この瞬間から、線を引きます。ここから逃れることは許しません。世界は目を覚ましており、変化はやってきています。あなた方が好むと好まざるとにかかわらず。ありがとうございました。

NHK政治マガジン　グレタさん演説全文「裏切るなら許さない」より

＊＊＊

この気候行動サミットは、国連のアントニオ・グテーレス事務総長の呼びかけにより、「言葉」ではなく「行動」について議論するため開かれた。開催に先立ち、グテーレス事務総長は、温室効果ガスを削減するための、具体的な対応を持ってきた国の代表者のみに演説を許可するとしていた。グテーレス事務総長は2050年までに二酸化炭素排出量を正味ゼロにすることを目指すことに加え、各国に石炭と石油の化石燃料への補助金を削減し、新規の石炭火力発電所の建設中止を求めている。この石炭火力発電をめぐり、日本の安倍晋三前首相とオーストラリアのスコット・モリソン首相は参加が認められなかった。気候変動に懐疑的な立場のアメリカのトランプ前大統領も登壇の機会は設けられなかった。

大宇宙の中の星、地球。私たち人間は、その中の住人の一人にすぎない。

それなのに、いつから人はこんなに偉くなってしまったのだろうか。広大な宇宙の中での、ちっぽけな人間。その人間が、自分だけの利益を求めて他者を踏み台にする。それは経済優先で自然を破壊していく、大量生産・大量消費・早期大量廃棄の経済システムのあり方への疑念にもつながる。

そのことに強く気づかせてくれたのが、スウェーデンの15歳の少女グレタ・トゥンベリさんだった。彼女の純真な地球を護るための「心の叫びと危機感」、これに私は強く共感した。

本書の主張する3本柱は、私たちが直面している3つの「危機」である。

ひとつめは「地球の危機」。そして「子供の危機」、最後が「家の危機」である。

実はこれらの危機は密接に絡み合っており、家庭内の問題が大きな原因であるという指摘がある。私はここに、解決策のヒントがあるとみている。

地球という大きな視点も、原点は家族単位。これが基礎であり、逆も真なり。一家族の「家」の問題を解決することが子供の危機、地球の危機の解決にもつながっていくと私は考えている。キーワードは、「地球」「子供」「家」。この3つの危機を大人は真剣に向き合い解決していかなければならないのだ。

そこでこの問題について、本書では、3つの場面（フェーズ）を「住み心地」で考察してみようと思う。

フェーズ1：地球の住み心地はどうか？
フェーズ2：子供にとっての住み心地はどうか？
フェーズ3：家の住み心地はどうか？

この3つの住み心地が悪いから、多くの問題が発生してきた。

宇宙の人事一切、出来事のすべて「森羅万象」は、原因が有っての結果。「善因善果」「悪因悪果」である。この理《ことわり》に基づき課題、解決策を以下の章において展開していく。

私は現在、「いい家塾」という一般社団法人の塾長として、人々の「住まい」に関わっている。

「こんなはずじゃなかった」と家づくりを後悔する人が実は非常に多く、こうした後悔に苛まれる人を少なくしたいという思いからだ。

そのなかで掲げている基本理念が、「人は家を造り、住まいは人を創る」ということだ。「家」はハード、「住まい」はソフトであり文化である。

「家づくり」といえば、もちろんハードは大切であるが、家ができ上がった結果の「住まい」の住み心地によって人は形成されるものだ。人々が住まう社会は、そうした個人個人の「家」の集まりである。つまり、社会の問題は、個人の「家」＝「住まい」に起因する。

つまり、「家の住み心地」をよくすることが、ひいては「子供たちの危機」、さらに大きな話だが、「地球の危機」を回避することにもつながるのではないだろうか。

本書は、これらの3つのフェーズでの「住み心地」がどのような状態であるのか、それはどうすればよくできるのか、わたし自身のこれまでの活動を通じて学んできたことをまとめている。

私たち大人が、子供たちのためにできることは何か、また子供たちにも知ってもらいたいことは何かを考え、大人も子どもも一緒に学んでもらうための本とした。小さな子供には読み聞かせたり、時には親子でディスカッションをしたり、ともに考えていただきたい。

家について知り、学び、教えあうことは暮らしのあり方を見直すことだ。それがさらに住宅産業界や行政に働きかけていく大きな力に育っていけばとも思う。

家づくりは人づくり。人づくりは国づくり。

「いい家づくり」が最重要、なのです。

第1章

「いい家」とは、どんな家？

「暑い〜、もう死にそうや!!」これが、今どきの日常会話になった。本当に今年の暑さは異常でしたね。しかし、この異常な暑さが今後も定着することが予想される。

これに適した家づくりとはどういったものなのか。

厳しかった暑さを思い出していただきながら、「住まい」のあり方や、対策を一緒に考えてみましょう！

酷暑と熱中症

日本列島は連日、35度以上の猛暑日が続いた。40度を超える酷暑の地域も連日出現した。東京都板橋区の民家で8月8日朝、90歳と86歳、82歳の3姉妹が室内で亡くなった。いずれも外傷はなく熱中症の可能性が高いという。

エアコンは設置されていたが使用せず、姉妹は「エアコンは嫌い」と話していたという。

厚生労働省によれば、近年年間30〜40万人もの人が熱中症になっている。そのうち、死亡者数は2010年1731人、11年948人、12年727人、13年1077人。18年までの10年間の合計が9055人。その前の99〜08年が計3954人なので、10年でなんと2倍以上に増えているのだ。

死亡数が多い年齢別では65歳以上が77・3％と最多であった。発生場所は屋外を予想するが、実は住居内が最多なのに注目していただきたい。

原因は、室内が高温になっていることと、湿度も高いほど危険が増大する。汗が蒸発して体温を下げることができないので熱中症を発症する、と専門家が解説している。

問題は、断熱性能が劣悪だと熱い外気温が室内を高温にすること。さらに、構造材が鉄やコンクリート、内外壁材や床などに石油化学物質建材を使用していれば湿度を調制することもできない。

これが、木材などの天然素材を使用していれば、高い調湿性能が発揮される。いま、家自体の質が問われているのだ。

「家のつくりやうは、夏をむねとすべし。冬は、いかなる所にも住まる。暑き比《ころ》わろき住居《すまひ》は、堪へ難き事なり」

「徒然草」第55段、鎌倉末期吉田兼好法師著になる有名な一節である。

この国は、夏の高温多湿、冬の低温乾燥の四季がある。これをわきまえて家をつくるべきだと賢人は教えた。

エアコンの発達で兼好のアドバイスをみんな忘れてしまったようだ。

住宅産業界の現況は、住宅の質の「住み心地」が欠如していることが問題だ。

合理化によるコスト削減策、利益追求が品質の低下をまねき、さらに欠陥住宅が後を絶たない。

いい家塾は兼好のこの教えをもとに、「家づくりは夏の暑さを旨とすべし」を合言葉に更なる高みを目指し「いい家」造りを実践してきたと自負している。

「いい家」とはどんな家？

「いい家塾」では次のように定義している。
・「いい家」＝長寿命でオンリーワンの「住み心地のいい家」
・住み心地のいい家＝「夏涼しく、冬暖かい自然素材の健康住宅」
なんとエアコンゼロの家も実現している。

「心地いい」とは、そもそもの由来は自然界の癒しの効果であり、これを感受するのは、人体の癒しを感じる「眼」「鼻」「耳」「舌」「身」の「五感識」である。

これを仏教では「5官能」、又は「5欲」と教える。

さらに、自然界などでみられる、ゆったりとした流れを、「f分の1のゆらぎ」という。実はこのゆらぎは宇宙や、生命を作り、私たちの脳を活性化させ心を元気づける存在だ。

寄せては返す波、風のそよぎ、小鳥のさえずり、木漏れ陽、暖炉の炎、蛍の光、朝陽のご来光や夕陽が西の海に沈んでいく光景などを見ると、感動し、心が癒される。

心臓の鼓動と同じリズムといわれるこのゆらぎが、脳波をα波にしてリラクゼーションにつながっている。

体内時計と「心地よさ」の関係

２０１７年のノーベル医学・生理学賞は、生物の体内時計の仕組みを解明した米国の遺伝学者3名が授賞した。キイロショウジョウバエの遺伝子を調べたところ、この遺伝子が体内時計を調節できることを発見した。この遺伝子情報によって作られるタンパク質は概日《がいじつ》リズムに応じて変化することを解明。「概日リズム」とはほとんどの生命が地球の自転に同調して約24時間周期で変動する生理現象で、いわゆる「体内時計」のことだ。「分子レベルで体内時計が決まるメカニズム」が発見されたのだ。

呼吸は1分間に18回、18の2倍は36で体温、その2倍の72は脈拍、その2倍の１４４を１０

倍すると1440分で1日24時間。これが体内時間であり地球の自転の1回分に要する時間だ。呼吸が止まれば死ぬ、体温がないと死、脈が止まっても死、地球が自転しないと夜ばかりの国が発生し命が育たない。すなわち、18・36・72・144は命に関わる数字だ。

1分間に打ち寄せる波の回数は、18回で呼吸数と同じ。吸う息は交感神経を緊張させ、吐く息は副交感神経を弛緩させ、心身をリラックスさせる。赤ちゃんが生まれる時は満潮、人が死ぬ時は干潮だ。生命が小さな単細胞として太古の海に漂っていた頃、水中で感知したのは太陽光であっただろう。光を求め満潮に乗せられて上陸し、やがてヒトが誕生した。ゆえに身体や命は宇宙のリズムに呼応している。呼吸や体温、脈拍だけでなく内臓諸器官のすべてを、自分ではコントロールできず、自律神経がコントロールして宇宙のリズムに身体のリズムを合わせている。まさに体内時計が関与、機能しているのだ。

つまり、このリズム、自然のゆらぎを感じられるとき、人は「心地よい」状態となる。そうした「心地よさ」を感じられる住まいこそ、「いい家」なのだ。

住まいとは「人生の基地であり、家族の生命と財産を護る器」である。さらに住み心地の良さは、「五感の満足」が求められる。

生命に関する数字と宇宙のリズム

生命	生命の数字	宇宙
呼吸数（1分間） （整うと心身が整えられリラックス）	18	波の回数（1分間） 寄せては返す波
体温	（18×2）36	
脈拍数（1分間）	（36×2）72	
内臓器官のすべてを自律神経がコントロールし宇宙のリズム「概日リズム」に身体のリズム「体内時計」を合わせている。	72×2＝144 144×10＝1440 概日リズム＝体内時計	1440分＝24時間で「体内時計」。地球の自転の1回分の時間は「概日（がいじつ）リズム」。自転しないと夜ばかりの国が発生、生命が育たない。
満潮時に生まれ、干潮時に死ぬ。人は海から誕生した。	天の計らい	心と身体や生命は、宇宙のリズムに呼応している。

識	名　称	機能	感　　受　　性
一	眼　ゲン	見る	きれい　バランスがいい　相対的な外観　目標 心眼　視覚　目利き　目指す　先見の明 智慧の眼（まなこ）視覚
二	耳　ニ	聞く	静か　安らぎの響き　雑音　耳を澄ます 心地いい　音色　早や耳　静寂 ＡＳＲ：音の記録と情報発信 耳目から世界が見える
三	鼻　ビ	におう	香り　ＶＯＣ：鼻につんとくる刺激臭　悪臭　かすかな木の芳香　畳のいい臭い 善悪を嗅ぎ分ける　嗅覚
四	舌　ゼツ	味わう	食事で団欒　喜びの乾杯　おいしい　接吻 生きる源泉　食欲　味覚　食感　舌感
五	身　シン	感触	無垢の木の床板素足の感触　和室の安らぎ 心地いい　皮膚で感じる温もり　スキンシップ 触感　体感　貪欲　煩悩　体解
六	意　ニー	意識	住み心地の良さを心から実感する　満足感 違和感　幸福感　生きがい　共存　達成感 感性　欲望　善意　識別　判断　心感　閃き　第6感

コラム① 仏教の教えといい家塾の理念

大聖釈尊の仏の教えの根本は「因果応報」の理《ことわり》である。すなわち「善因善果、悪因悪果」。この理が、宇宙の真理であると説かれた。

この世のすべての出来事「森羅万象」は、原因という種が撒かれて結果という果が実る。

しかし、種だけでは果実にならない。自然界の恵みである、太陽の光や土や水の縁があって果実になる。

宇宙の人事一切の現象は、すべて因と縁が会合《えごう》して出来ている。これが「因縁果」の理《ことわり》である。物理学ではこれを基に「因果律」として原理原則を説く。

釈尊は「衆生は皆願わない苦の種を撒いている」と哀れんで、無明からの救いとして、善悪を見分ける「智慧《ちえ》の眼《まなこ》」を以て、仏の教え（仏教）として説かれた。

さて、いい家とは「住み心地のいい家」。その心地よさを感受し、体感、体解《たいげ》するのは、般若心経にある「眼耳鼻舌身」の五感識と第六識の「意」意識の世界だ。

解決策は「湿気」を制すること

「住み心地」のいい家にするためには、五感の満足が必要である。

そのための一番の解決策は、まず「湿気（度）を制する」こと。

「夏涼しく冬暖かい健康住宅」をつくるため、夏季の高温多湿、冬季の低温乾燥と折り合いをつけることができれば解決する。

いい家塾では「湿気」をコントロールすることを重要視している。では湿気とは何か？　湿気とは空気中の「水蒸気」なのです。

「湿気とは何か？」

空気は窒素、酸素、二酸化炭素などの気体から成り立っているが、その他に水蒸気（水が気体となったもの）も含んでいる。水蒸気は非常に小さな気体で、酸素や窒素の大きさが10万分の38〜42ミリであるのに対して、水蒸気は10万分の4ミリの大きさしかない。この空気中に含まれた目に見えない水蒸気（気体）が、冷たいものに触れて水（液体）になる現象が結露です。

湿度とは、空気が乾いているか湿っているかを示す度合い。絶対湿度と相対湿度があり、絶対湿度は1㎥中の水蒸気量をグラム単位で表し、相対湿度はある気温で現実に含んでいる水蒸気とその温度で水蒸気を含みうる限度（飽和水蒸気量）との割合を百分率で表したもので、日常使う湿度がこれだ。

「賢者は歴史に学び愚者は経験に学ぶ」という格言があるが、当塾では「温故知新」を実践している。その証として、たとえば竣工した奥田邸や三浦邸は、エアコン無しの「無冷房、少暖房」の家が実現している。

◉事例1　土地探しから旧宅の売却まで奮闘の結果
……「エアコンゼロの住み心地のいい家ができました」

八期生　奥田邸

講座を受講したら「いい家」が欲しくなった

奥田直美さんがご相談に来られたのは平成20年8月4日、私の誕生日でしたのでよく覚えている。ご主人と一番年少が高校生の三人のお子さんの5人家族。その時は、築15年の建売住宅にお住まいで、ここを売却して新しい土地を探して新築したいというご希望だった。ヒアリングシートを見ると、3人が花粉症でアトピーの方もいる。そんなこんなで、塾で学んだ自然素材をふんだんに使った健康重視の家が理想ですと希望された。

奥田さんの家づくりのご希望は家族の健康と団らん。このポイントをおさえて次のように進めていった。

・無垢の木と自然素材で健康的な家。
・家族5人が団らんできるリビングを家の中心に。
・できたらエアコン無しの風通しのいい家。

・家庭菜園ができて車2台の駐車場がとれる広さの敷地。

奥田さんがそれまでお住まいだった家は、建売を購入された家だったが、間取りなどには特に不自由を感じていなかったという。ご主人も当初ここに建替えを考えておられた。しかし、地形が悪いのと、ビニールクロスと合板の床の家であった。奥さんは、無農薬野菜の宅配関係のお仕事をされていたこともあり「いつか自然素材の家に住みたい」と願われていたが、新築に関しては家族の関心も低かったという。

それでも、食器棚やテーブルなどを無垢材の良いものでそろえるなどしているうちに、やはり家も自然素材にしなければという思いが強くなっていった。期せずして「いい家塾」を知り、講座を受講したのが大きな転機になったという。

土地の診断

受講から数年後、ご相談を受けていよいよ土地探しから始まった。当時お住まいの土地から少し離れた奥様の実家に近い場所で探すことになった。その辺りには、30年程前から電鉄会社などの住宅団地開発が進んでおり、その中で、いくつかの土地を見て回るうちに、気に入った土地が見つかったという。奥田さんから診断して欲しいと連絡があり現地を検分した。

道路に面していて三方に隣家が建っている。私は講座で、土地と家は不離一体であり、とても重要な要素と言っている。そして、土地だからといって地面ばかり見ないで、上も見るように注意している。

この土地も欠点がいくつかあった。裏の家が高い擁壁の下に建っていたことと、南が前面道路を挟んで小高い森。日照の欲しい冬期に日当たりが悪いので賛成できなかった。その時、同行していた不動産屋さんが、もう1か所売り物件があるといい、案内された物件が坪単価も変わらず数段良かったのである。ほぼ正方形で地形も良く、西南の角地で二面が道路に面しているし、日当たりも良好。西側に山があり西日を遮り、緑に囲まれ小鳥の鳴き声に癒される良い環境で、面積も75坪あり予算内で収まるので、合格のサインを出した。

土地が決まったことで設計・監理の一級建築士と建築施工の工務店でプロジェクトチームを編成。いよいよ基本設計がスタート。

敷地の中のどの位置に家を建てるか。小さな土地では、この位置にしか建てることができないという場合もあるが、奥田さんの場合は土地も広く、色々なバリエーションが考えられた。その中で、建物を真南向きに広く取る案であった。

建物を真南向きにすることは、冬に陽が室内の奥まで届くようになるだけではなく、夏にもメリットがある。

「いい家塾」では、夏の日射遮蔽のために窓には必ず庇を付けましょうと言っているが、この庇が一番有効に効くのが、建物を真南に向けて建てた場合である。このようにして建物の配置の基本が決まった。

間取りについては、奥田さん家族の住まい方をヒアリングしながら進めた。ご夫婦、三人のお子さんがほとんどの時間、居間に集まって暮らされているという。居間を心地よい空間にしようと提案し、掘りごたつ形状のテーブルを置くことが決まった。間取りが決まって、実施設計が少し進んだところで、奥さんから重大な変更が出てきたのである。

やっぱり、居間に吹抜が欲しい！

吹抜には床がないが、屋根も壁もあり、実は施工に思ったより費用がかかるため、当初は断念されていた。しかし、吹抜は後でつくるわけにはいかない。奥田さんはかなり悩まれたようだが、「後悔する家」をつくるわけにはいかないと決断、設計のやり直しを行うことになった。

実際に家を建ててから、やっぱりああすれば良かった、本当はこんな家が良かったと、業者主導で急いで家を建てさせられ残念な思いをしておられる方が多くいるようだが、「いい家塾」では適切なスケジュールも考えながら、立ち止まって熟慮する時間も大切だと考えている。

一難去ってまた一難

吹抜が加わった間取りも完成して、実施設計も順調に進み始めた。しかしここでまた障害がでてきたのである。今住んでいる家を売却して建築費に充てる予定だったが、なかなか家が売れない。減額すれば売れなくはないが、資金的に厳しくなるので、じっと我慢して時期をうかがうことにした。

ようやく半年後、希望する価格で売却できることになった。今度は今住んでいる家の引き渡し時期が決まってしまったので、大急ぎで着工しなければならない。

工事の工務店が大車輪で素早く対応してくれた。みんなの努力や祈りが通じて無事上棟式を迎えたのである。この日は晴天で、山の緑のまぶしい気持ちの良い日であった。高知県梼原町森林組合の森でご家族が斧入れした棟木が無事上棟された。お父様が、この日をことのほか喜ばれ、ご家族一同喜びを分かち合われたのである。

自然素材のこだわり

床は無垢のスギ、壁は和紙、布クロス、漆喰を使用した天然素材だけの家だ。

最近の家には珍しく続き間の和室がある。外壁は色モルタルの掻き落としとして、外壁通気工法を採用し、室内の湿気を有効に排出する工法となっている。断熱材はセルローズファイバーZ工法（P51参照）で、しっかり施工をしている。

キッチンについても、できるだけ自然素材のものをということで、天板にアルダー材をつかったオーストリアのキッチンを採用した。

はじめは家づくりに乗り気でなかった家族も、だんだんと家ができ上がるにつれて楽しみに現場に来られるようになった。完成時にはお子さんも「お母さんの言っていた通りむっちゃ良い家や！」と大喜びだったそうである。

エアコンゼロが実現

その後、夏の日射遮蔽に緑のカーテンを植えたり、冬の暖房にペレットストーブを設置したり、吹抜と階段の窓に冬対策として断熱スクリーンを設置するなどして、細かな改善を自分たちで工夫しながらお住まいになっている。

そうそう、奥田邸にはエアコンがないのだ。夏は確かに暑いのだが、日射遮蔽をしっかり行うことと南北の風を通すことで、エアコン無しでも過ごせているとのことである。このように、風の道をつくったことと建物を真南向きに広くとった成果である。

確かに、吹抜を通して風が家の中を縦方向にも動くことで、エアコン無しが実現できたのだ。自然素材で自然のエネルギーの恩恵を受ける奥田さんが希望した「いい家」が完成したのである。

「目出度し芽出度し」

川柳 「エアコンゼロ　昔恥ずかし　今自慢」 遊楽

南向きの配置で冬は日差しを採り込み、夏は庇で影をつくる。夏涼しく冬暖かい家が完成。

奥田邸図面

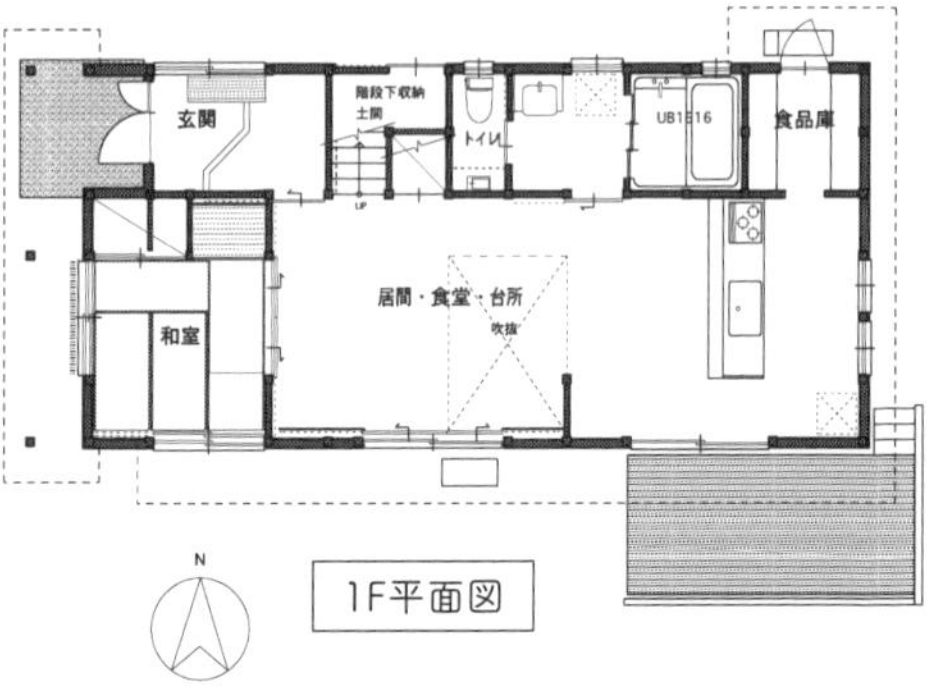

1F平面図

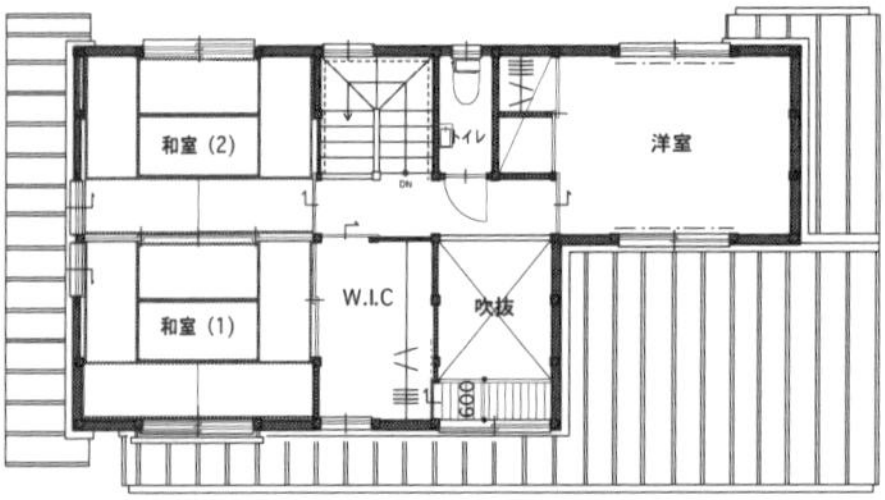

2F平面図

感想文

「後悔しないいい家が、やっと完成しました」

八期生　奥田直美

このたび大阪の片田舎に、「こんな空間だったらずっと暮らしていきたい」と思える念願の家が完成しました。ゼロからスタートした初めての家づくりは、いい家塾の人たちにいっぱい助けられて、そして私たちも大変な想いを経験して完成しました。

この家で10年を過ごしましたが、まず梅雨と暑い夏を何気なく過ごしました。我が家の特徴のひとつはエアコンがないことです。その中で感じたことは、風の通り道がある家、1階と2階の温度差の少ない家、そして今年の夏は毎日35度を超える猛暑となりましたが、夜はけっこう眠れるくらいの温度になってくれます。そして家の真ん中にある吹き抜けはとても開放感のある空間、息子たちの遊びの空間、お気に入りの空間となっています。

この家をつくるのに消極的だった息子は「この家は素足で歩かないともったいない」と言い「ありがとう」と感謝されました。また、断熱材としてセルローズファイバーを使用しているので冬も暖かく、リビングにペレットストーブだけで過ごせました。

新しい環境への不安や、住み慣れた地域と別れる不安など、それぞれの不安を抱えての引っ越しとなりましたが、ここで暮らすようになって、いつの間にか不安は消えてなくなりました。先人たちの智恵をヒントに、私たち住み手もより快適な暮らしを模索していきたいです。

これからも「いい家塾」の後悔しない家づくりに、私も何かの形で参加させていただきたいです。ほんとうにありがとうございました。

◉事例2　これぞ終の棲家「高断熱で真冬でも暖房いらずの家」
夫婦で住む「終のすみか」は、暖かな平屋建て　大阪府・九期生　三浦邸

三浦さんご夫妻の家の完成見学会は、平成21年の暮れの雪がちらつく日であった。見学に訪れた塾生達が一様に驚いたのは、部屋の暖かさだった。外は底冷えのする真冬の寒さ、まだ家具もカーテンもなにもないがらんどうの家はさぞかし寒いだろうと思いきや、家の中がほんのりと暖かかった。リビングの隅に小さな石油ヒーターがひとつ。それもいらないほど家中どこに移動しても寒さを感じない。その日の朝、室温を測ったとき、暖房なしでも14度であった。

第二の人生を迎えた、三浦さんご夫妻。二人だけで穏やかに過ごせる家をと、つくられた住まいは、木材をふんだんに使った、四季を通じて過ごしやすいぜいたくな平屋の家となった。

残りの人生を健やかに過ごすための空間

「家を建て替えたい」と、三浦さんから依頼されたのは、この日の完成見学会からちょうど一年前だった。三浦さんの奥様が、「いい家塾」の活動を新聞で見たことがきっかけで、「せっかく家をつくるのだから、しっかりと勉強してからにしたい」とご主人が定年退職を機に入塾さ

れ、すべての講義を受け終わってから、いい家塾のプロデュースによる建て替えを決断された。

そのころ三浦さん夫婦が住んでいたのは、古い木造住宅で、一番古い母屋で築80年以上。家族が増えたり不便が出るたびに、継ぎ足し継ぎ足しで増築やリフォームを繰り返してきた。そのため、部屋の並びやつながり方がバラバラで、奥様は「掃除や洗濯のたびに、移動が大変だった」という。

また、冬場は家の中が震えるように寒く、夏は灼熱地獄のように暑く、季節の寒暖を乗り切るのがひと苦労だった。加えて通気が悪かったため、湿気がこもって常にカビに悩まされていたという。

そんな生活に耐えながら、お子さんを立派に育てあげて独立させ、夫婦二人だけの暮らしに戻ったとき、三浦さんは「広くなくてもいいから、住み心地の良いシンプルな家に建て替えたい」と思ったそうだ。見た目が立派な豪邸ではなく、老いたあとも快適に暮らせるコンパクトな家だ。


すべての部屋がリビングを囲む廊下のない家

夫婦が住みたい「いい家」とは、次のように決まりました。
・小さくても暮らしやすい、ご希望を一言でいえば平屋のシンプルでモダンな家
・石油化学素材を使わない自然素材でできた家

・周囲の恵まれた自然を採り入れた家

まず「小さくても暮らしやすいシンプルでモダンな家」を実現するため、建坪は思い切って以前の家の6割程度の27坪にした。建坪が小さい場合、床面積を増やすために二階建てにするのが一般的だが、三浦さんの場合は違った。夫婦2人の生活であるのと、歳をとったときに2階への上がり下りがたいへんになりそうだと考えて、平屋を選択したのだ。

しかし、心地よく暮らすためには、小さくても使い勝手のいい住まいにしなければならない。そのために、間取りは「リビングを中心とした、廊下のない設計」にした。

三浦邸図面

三浦邸の間取り図をご覧いただきたい。廊下が一本もないことがおわかりいただけるかと思う。

天井の高い開放感のあるリビングから、キッチン、洗面所、浴室、寝室、和室、三浦さんのアトリエ（仕事部屋）のどこへでも、出入り口ひとつまたぐだけ。移動のしやすさだけではなく、部屋と廊下の温度差による「ヒートショック」も最小限に抑えられる。部屋は暖まっているのに廊下はひんやり、という住まいがよくあるが、全室がつながっていれば、そうしたこともない。また、廊下を取り付けるコストを削減できるのも大きな利点である。

ただし、こういう間取りにすると、真中のリビングが出入口だらけの落ち着かない空間になる恐れがある。そこで、三浦邸では建具に和紙を貼って、壁と一体に見えるようにするなど、デザインや材質を工夫して、落ち着きの感じる空間にした。

また、平屋の場合、収納をどこに設けるかもひとつの課題となる。三浦邸では、「平屋は屋根裏が広くなる」という特徴を活かして、天井裏収納を設けた。さらに、玄関には、家の中に持って入りづらい大きな荷物を置いておけるシューズクロークを設置した。リビングから一段高いところにある和室の床下には、引き出しタイプの床下収納をつくり、日常的に使うものをしまえるようにしている。

自然素材をたっぷり使い、自然の恵みを採り入れる

次に「石油化学素材を使わない自然素材でできた家」。これは奥様が化学物質臭に敏感ということもあり、ぜひかなえたいことだった。ホルムアルデヒドなどの発散を避けるため、リビングの壁には薩摩中霧島という火山灰ベースの塗り壁、寝室には布クロスを使用、洗面所やトイレの床には、コルクなどの自然素材を使った。

そして、3番目の「周囲の恵まれた自然を採り入れた家」。これは具体的にいうと「眺め」「風通し」「日当たり」を考えた住まい、ということになる。

キッチンの窓は、奥様のたっての希望で、小柄な奥様の目線で外が広々と見えるようにした。

やや低い位置に設けた窓からの眺めは絶景で、紅葉の庭木や田んぼが見え、四季の移り変わりを感じることができる。以前は西日に悩まされた台所から、東向きのキッチンで朝日を見ながら料理をすることが夢であったそうだ。まさしく奥様のためにつくられたオンリーワンのキッチン。

また、風通しの良さを実現するため、すべての出入り口をドアではなく、引き戸にした。これなら開けっ放しにしておけるので、夏は風を十分に通すことができる。反面、冬になれば、引き戸を閉めて部屋を区切って使うことができる。

リビングの南面には大きな開口をとり、太陽光をたっぷり採り入れられるようにした。減築した分、敷地にゆとりができ、庇《ひさし》を大きく突き出すことができたので、冬の低い日差しを採り入れながら、夏の強い日差しは遮ることができた。一方、建物の西側には小さな掃き出し窓だけにして、西日が入らないようにした。リビングの西側にある玄関部分を出っ張った設計にしたのも、単なる間取りの問題ではなく、出っ張った玄関部分でリビングに西日が入るのを遮る意味があってのことだ。

頑丈で安全な家をつくるために

間取りや素材選びも大切だが、同じくらい重要なのが地盤の強度と構造である。

三浦邸は、新しく土地を買い求めたのではなく、もともと自宅のあった土地に建て替えをしている。そのため三浦さん夫妻は最初、「これまでも家が建っていたのだから、地盤の強度には問題はないだろう」と思っていた。敷地の横を小川が流れているのと、元は田畑であったこともあり少し軟弱な地盤であることが、地盤調査の結果判明した。

「お金のかけどころ」があるとすれば、こういったところなのだ。三浦邸の地盤には、補強のために六〇センチのコンクリート柱を40本も入れている。その上で、地震に強いベタ基礎を採用している。三浦さんは「地盤改良の費用は思った以上にかかった」と笑いますが、頑丈で安全な家をつくるための必要経費として、ここにお金を投入したのは正解である。上物がいくら立派でも、地盤が弱くて家が傾いたのでは、元も子もないからだ。

さらに、平屋でありながら構造計算も行っている。木造の構造計算は、建築基準法で義務づけられているのが3階建てからなので、平屋や2階建てでは行わないのが普通である。しかし、平屋や2階建てに対して必要ない、なんて決まりはどこにもない。むしろ、平屋であっても、安全性を確保するために行うべきだ。

構造材はすべて、高知県檮原《ゆすはら》町森林組合の木材を使った。一軒の家を同じ山の木だけでつくるというのは、今ではとてもぜいたくなこと。その檮原町の山には、三浦さん夫妻が自ら出向いて伐採祈願祭を行った。大黒柱は桧の7寸角（21センチ角）柱には4寸角（12センチ角）の木材を使用している。一般の住宅が3寸5分角(10・5センチ角)を使っていることを考えると、かなりがっしりしている。使っている木材量も、丈夫な構造で家をしっかり支えるため、平屋ながら2階建てと同じくらいの量を使っている。何よりご自分で斧入れした木が、棟木としてこの家を支え続けていく喜びがある。

断熱性の高い暖房いらずの家

冒頭、三浦邸はヒーターがいらないほど暖かいといったが、これを実現しているのが断熱材に使用したセルローズファイバーのZ工法。三浦さんがいい家塾で学んでいたとき、これだけは絶対にはずせないと思ったそうだ。

セルローズファイバーは、壁、屋根、床下にぎっしりと詰めた。湿気を抜けやすくするため、セルローズファイバーの外側には透湿性の高いボードを貼っている。三浦さんからは、セルローズファイバーに虫がわいたりしないのか、と質問が出たこともあるが、防虫防火のためにホウ酸を添加しているため、その心配はない。

床材にスギを使ったことも、足元がほんのりと暖まる理由である。スギは柔らかい木なので、傷ができたり、傷んだりすることを気にするのなら、ヒノキや広葉樹などの硬い木をおすすめする。しかし、柔らかい木は暖かいという長所を持つ。三浦さんは暖かさを重視して、スギを選ばれた。

他の家と同じく、三浦邸にも、法律上義務づけられているので、24時間機械換気装置を設置している。だが、これを使用することはまずないだろうと思う。風通しが良く、天然の湿度コントロール機能を持つ木をふんだんに使い、シックハウスのもとになるホルムアルデヒドなど揮発性有機化合物の出ない自然素材を使う家では、24時間機械強制換気は必要ない。日本の自然になじんだ、通気性と断熱性に富んだ家で、住む人は深呼吸をしながら暮らしていけるのだ。

三浦さん夫妻は「家づくりは千本ノック」と言われる。つまり、次々と乱打されるボールを拾うように、家づくりに関するさまざまな情報をキャッチし、どんな家をつくりたいかを何度も考えることが大切なのだ。三浦さん夫妻は、いい家塾に入塾する前から、住宅関連の本を何冊も読んだり、モデルハウスの展示場に何度も足を運ぶなど、自分たちでよく勉強していた。

講義では「こんな家に住みたい」「いい家とはこんな家です」と確信できてから家づくりがスタートですよ、と言ってきた。希望の家を実現するため、三浦さん自身が半年がかりで書き上げた平面図を見せられたときは、正直、驚きと感動でいっぱいになった（三浦さんは自動車関係の設計士だった）。これできっと満足していただく「住み心地のいい、いい家」が完成すると確信した。三浦さんの思いが実に上手に込められていたのだ。いまそれを見返してみると、完成した家は、まさに平面図に描かれたとおりに仕上がっている。

オンリーワンの家をつくるとは、こういうことなのだという、お手本として参考にして頂きたい。

川柳　「家笑う　笑う門には　福来たる」
　　　「関白が　定年料理　腕あげる」　遊楽

感想文

冬暖かく、夏涼しい

「住み心地のいい家」

大阪府　三浦佐江子

素晴らしい新居が建ちました。わが家を訪ねてきた人が玄関を開け「木のいい香りがする～」。家に上がると「暖かいわ～」「陽が入って明るいね～」と驚きます。高齢に備え、夫婦で住む小さくて便利な平屋に建替えたのです。以前は冬には靴下にカイロを張るほど冷えたのですが、新居ではカイロ要らず。木造で断熱材にセルローズファイバーを使用したおかげで、冬暖かく夏涼しいのです。

建替えを考え始めた30年近く前、2階建てに増築した際には建築業者から住宅は40年で建て替えるもの、新築の方が安くつくと言われました。我が家の古くて太い梁や柱を見るにつけ、そんなに簡単に廃材にしていいものか、いつか再利用してくれる建築屋さんに出会えるのではと建替えを踏みとどまったのです。ですが使い勝手が悪く、何より大地震の不安がありました。

「自然素材にこだわり、シックハウスのない「いい家塾」の講座開催を知り、待ったかいがあったと思いました。その数年後、単身赴任の夫が大阪勤務となり、第9期の講座を受講しました。地盤や構造、建材から建具や健康住宅の素材など、さまざまなことを学び、建てたい家像がより明確になりました。

専門家にすべてお任せではなく、自分たちの要望を出して参画し、納得しながら建てたい。夫婦お互いに自分の生き方を大切にできる家に等々です。健康住宅にこだわり、建築家や工務店とネットワークしている「いい家塾」なら安心だと思い相談に行きました。サポーターの中から設計監理と建築施工の担当者が選任され、プロジェクトチームがスタート。半年かけ設計が決まり、完成までの半年間は、ほぼ毎週打ち合わせを重ねました。趣味で大工仕事をする夫は、現場に張り付き大工さんたちの仕事を見つめ、ときには変更をお願いして学んだことが随所に生かされました。

「いい家塾」の釜中塾長の合言葉は「家笑う」です。言葉どおり、工務店のみなさんだけでなく、解体工事をはじめ、基礎工事、ライフラインなどの業者さんたちも真剣に、楽しく和気あいあいと仕事をされていました。我が家にはみなさんの笑い声が刻まれているような気がします。

工務店の山本社長も解体する家の古材を大切にと、かまちや飾りの梁などに見事に再生。「いい家塾の監修」で建築のプロたちに支えられ、モダンな和風の家が実現したのです。これほど住み心地が良ければ、外出が少なくなるのではないかと心配になるほどです。

調湿性に優れた断熱材――セルローズファイバー「断熱屋」山本順三氏の功績

「湿気」のコントロールは、そもそもどのように可能になるのか。基本は木構造でその他の資材も自然素材でつくる家である。そのひとつであり重要なのが「断熱材とその施工方法」である。日本の住宅の断熱材で、これまで最も普及してきたのがグラスウールだ。断熱性に優れているのはもちろんのこと、とても安価だが、ガラスが原料なので調湿性は殆どない。

現在多くの断熱材が開発されているが、「いい家」にするためには、木材のように「調湿性に優れた断熱材」を選んで欲しい。

本塾ではセルローズファイバー（CF）という断熱材を使ったZ工法を標準装備している。調湿性能に優れ外気温を家内に入れない、出さないため、夏涼しく冬暖かい健康住宅が実現した。結露を排除し・防音・防虫等に関する高い性能も実証済みだ。

このZ工法を開発したのが㈱ゼットテクニカ代表で盟友であった埼玉県の山本順三氏だ。彼は本塾のサポーターであり監事だったが、一昨年急逝した。誠に残念でならない。いい家塾の家が「住み心地のいい家」であるのも彼との出会いがあったからだ。

山本氏は、30年にわたり断熱一筋で自らを断熱屋と称し、多くの悩める人々を救済してきた。セルローズファイバーは断熱性が高いうえに、素材自体に水蒸気を吸収する吸湿性がある。正確に言うと、水蒸気を吸収するだけでなく、冬の乾燥した季節には水蒸気を放出して湿度を調節する調湿性を備えている優れものだ。

セルローズファイバーの原材料は新聞紙を細かく砕いて繊維状にしたもので、紙の原料は木であるため、セルローズファイバーには、木の持っている調湿性が備わっている。しかも、細かく砕かれて綿のようになっているため空気を多く含み、木材そのものよりも断熱性が高くなっている。自然素材なので、人体に害がないのもお勧めする大きな理由である。

セルローズファイバーZ工法の基本性能をまとめると、断熱・防露・防音、さらにホウ素を添加しているので・耐火・防虫・防カビ・防錆においても多くの高い性能が実証済みである。彼の功績でセルローズファイバーが普及し始めたことは喜ばしい。しかし、彼の開発したZ工法以外の工法は、効果の差が大きく要注意である。

コラム②　「まち」と「すまい」の住み心地の良さは？

司馬遼太郎さんの表現によれば、大阪を「仕立て替え」した人物がいた。大正末から昭和にかけての大阪市長で、百人一首をもじって「知るも知らぬも大阪の関」とうたわれた名物市長、いや名市長・關一（せきはじめ）その人である。

関市長のまちづくりの基本理念は「住み心地のいいまちでなければならない。それにはまず安全なまちでなければいけない」であった。折しも商工業都市として発展し、人口が急増する大阪は専門の都市計画論を実践する格好の舞台であった。大阪港の近代化、下水道の整備、公設市場の開設、大阪商科大学の設立など、現代に繋がる都市インフラはあらかた關さんの手による大いなる遺産である。まさに「百年の計」であった。大阪城の天守閣を再建したことでも知られるが、業績でひときわ輝くのは御堂筋とその下を走る地下鉄の建設であろう。幅わずか3・6メートルの狭い道路を約43メートルに拡幅し長さは4キロ、将来の大阪の大動脈としてつくった。完成した両側に街路樹として約1000本のイチョウを植えた。よくパリのシャンゼリゼ通りになぞらえられるが、黄色く染まった晩秋の御堂筋は唯一無二の景観であり大阪のシンボルになっている。

コンクリートジャングルの中でもイチョウ並木のおかげで深呼吸ができる。

關さん「住み心地のいい大阪のまちをありがとうございました」。

木材の弱点を改善する――用途自在のハイブリット木材を生み出す「液体ガラス」

「呼吸する」「調湿する」「結露しない」を活かしつつ、木材を改質して、新たな付加価値を創造する技術の開発に成功した人がいる。私は当初懐疑的であったが「呼吸する」と「調湿する」と「結露しない」という木材の基本性能を妨げることなく、木材の弱点を改善するという画期的な技術開発であるので紹介したい。

さらに、「曲がらない、反らない、割れない」「結合水、油性を保つ」「腐らない・シロアリの食害を受けない」「燃えにくい」「形骸化しない」「ササクレ・トゲが出ない」など、木材に新たな命を吹き込むことが可能にもなった。

木は自然素材であり、素晴らしい性能を多く持っている。しかし、人と同じく生き物であるがゆえにすべてが均一ではない。材によっては反ったり、割れたりするものもある。これらはもちろん用材としては除外される。

そこで、欠点を排除するのに、微粒子化（コロイド化）されたシリケート組織液により改良を重ねることで、有機物との密着性の向上に成功した。さらに、着色性、伸縮性、屈曲性に優れた、環境負荷の少ないまったく新しい素材であり、ガラス塗料で建築物の長寿命化・無害化を成し遂げたという優れものである。

「液体ガラス」は景観、インフラ、建築をはじめ、これまでにない新たな領域における、木材利用の可能性を秘めた画期的な技術だといわれている。

液体ガラスによる木材の改質・高付加価値化とは

薬剤を使用しない、液体ガラス技術によって強化された木材は、木本来の機能を維持しながら無機質の特性を身につけて、これまでにない強さを発揮する。人体や環境へ悪影響を与えず、長期にわたって性能を維持する。

その活用分野は、防災・防腐・防蟻・変色防止・強制乾燥不要・湿度調節・強度向上・寸法安定性という効果を発揮するために、用途に応じた使い分けをする。あらゆる場所で安定した性能を発揮する「液体ガラス」の6つの商品群がある。

①ガラス系：木材内部浸透処理技術「木ごころ」
木材内部にガラスを含侵処理させ、「木材強度」と「自然呼吸機能・湿度調整機能」、「防腐・防蟻」を実現する。
②セラミック系：木材表面改質処理技術「ウッディセラ」
木材表面に塗布することで、「表面耐久性」と「防腐・防蟻」と「防災効果」を発揮する。

③ナノサイズ化した無機質顔料と組み合わせて利用できる「木あじ」
木目の美しさを維持する木材内部浸透型の染木型塗料として。
④表面に美しい光沢とツヤを与えることが可能な「テリオスコート」
ガラス質が基材に強固に密着し、長期にわたって効果を発揮する表面保護剤として。「防災」「防腐・防蟻」「変色防止」木本来の機能を維持しながら無機質の特性を身につけて、人体や環境へ悪影響を与えず長期にわたって性能が持続する。
⑤コンクリートには「クリスタルストーン」
日本の建築・土木・景観、ありとあらゆるものを長期耐久化。
⑥防炎剤「ファイアーカット」
燃えやすい天然素材もフラッシュオーバーを抑止し炎症を防止する。木製の小屋にガソリンをかけて燃やす実験で、ファイアーカットを塗布した方はガソリンだけが燃え引火や炎症を防止した。表面の炭化したススは紙やすりで拭くと元の木目が甦った。

このような「液体ガラス」の商品群は、今後大いに活用が期待される。

株式会社「ニッコー」代表取締役社長・塩田政利氏は「日本の活性化に貢献したい」と革新的な「液体ガラス」の商品力に絶大な自信を披歴する。「液体改質処理で新たな木材の需要を呼び起こし、国内の豊富な木材資源の活用が進むことで、地球温暖化防止をはじめ、格差是正、高齢者の活用にも大きく貢献できると信じています」と力強く語っている。

隈研吾氏　新国立競技場に「液体ガラス」を採用

東京オリンピック会場、新国立競技場の大事な設計者が隈研吾氏に変更されたとき、私は小躍りして喜んだ。コンセプトは「日本建築の美学を世界にアピールしたい。特徴は木のぬくもり」と掲げられたではないか。

なんと設計のモチーフにしたのは「法隆寺の五重の塔」だという。スタジアムの外周には軒庇が複数重なっている。素材は日本のスギ材であり防炎のため「液体ガラス」を採用したという。隈建築群に液体ガラスを多く採用していることから、その性能に高い評価がうかがえる。

常識のウソ　賢明な消費者に

さて、あなたの思っている常識は正しいですか？　ここでは「住まい」に関してみなさんが思っている常識を疑ってみる機会にしましょう。

「木造住宅は価格が高い？」

たとえば、「木造住宅は価格が高い」と断定される方がほとんどではないだろうか。確かに昭和55年には木材の供給量不足から価格が高騰した。

しかし現在は戦後の植林材が成木になり蓄積量が4倍になったので、価格は当時の約60％と安定している。また輸入材が70％もあり価格は大変安くなっている。

そこで、代表的な構造別の平均価格であるが、同じ規格仕様で比較すると、木造を1・0とした場合、鉄骨造が1・3倍、鉄筋コンクリート造が1・6倍と言われている。だから木造が一番安い。さらに、価格以外にも、一番長寿命であり、人と大変相性が良い性能をたくさん持っている。理由は私たちと同じ生物だからである。

また「木造は地震に弱いから危険」「木造は火事に弱い」「木造は強度が低い」「木は腐りやすい」と、鉄骨造や鉄筋コンクリート造に比べて劣っていると決めつけている人が圧倒的に多い。本当にそうであろうか。この常識も正しくはない。

「家づくりは3回経験しないと本物を得られない」という世間の常識が今もまかり通っている。提供する業者が悪いのか、それとも買う消費者が問題なのか、どちらが悪いのであろうか。

私はどっちもどっち、双方が問題だと言ってきた。「こんな筈ではなかった」と、後悔する人が余りにも多い現実があるからだ。

お金が有り余っている方はまだ良いのだが、ローンを組む方は悲劇。ローンが終わる前に建替えなければいけないい悲劇に遭遇する。いい家塾が「良品と悪品を峻別できる、賢明な消費者の輩出」を活動目的のひとつに掲げたのも後悔する人をなくすため。いい家塾の創立の原点がここにもある。

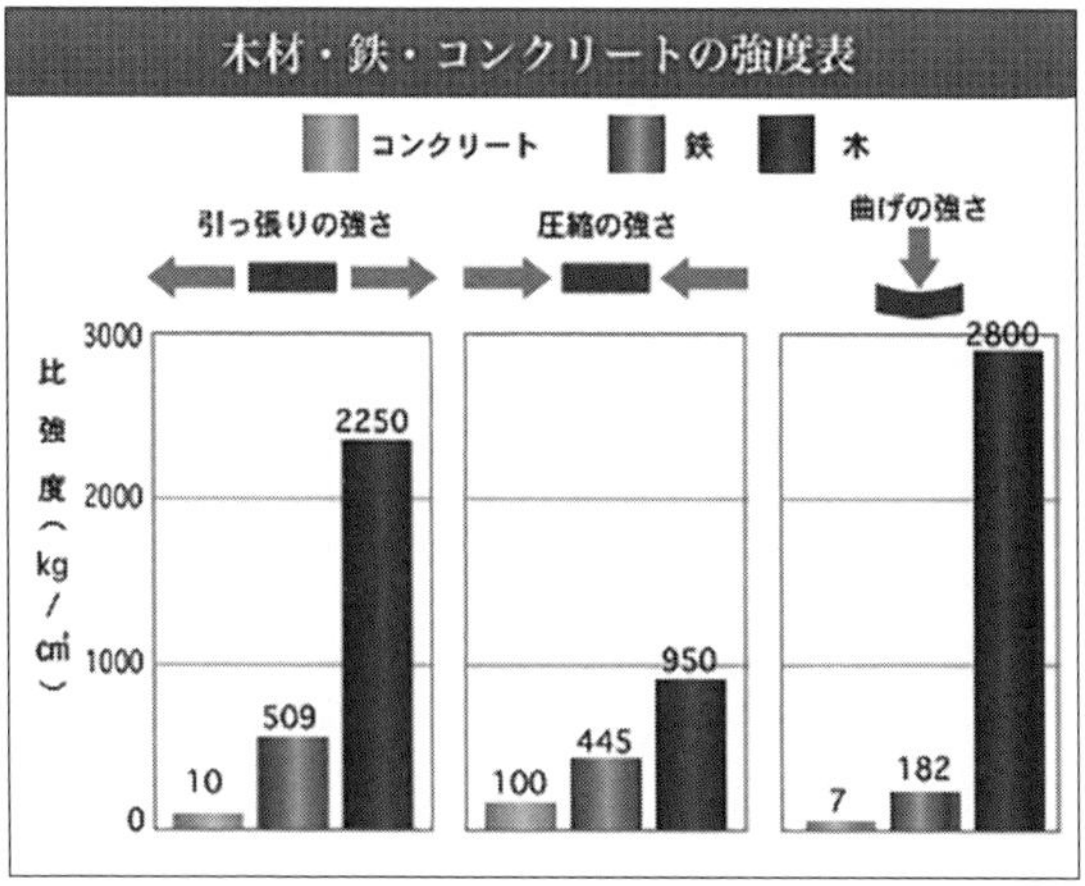

「森林とみんなの暮らし」（日本林業技術協会）より

業者から、この家は「建築基準法をクリアーしているから大丈夫です」と言われて安心して買ったら欠陥住宅であったという悲劇も後を絶たない。また、この建材はF☆☆☆☆（フォースター）だから安全と思い込んでいる人も多い。

※Fは「ホルムアルデヒド」。しかし揮発性有機化合物（VOC）の発生源は他に多数ある。

「木は鉄やコンクリートより弱い？」

みなさんの常識では、木は鉄やコンクリートより弱いと思っている人が殆どだが、実は、この常識も非常識なのだ。重さが同じ条件で3種類の測定値で強度を比較したのが次の実験結果である。

・引っ張りに関しては、杉は鉄の4倍以上、コンクリートの220倍の強度がある。
・圧縮に関しては、杉は鉄の2倍以上、コンクリートの9倍以上ある。
・曲げの強さにいたっては、杉は鉄の15倍以上、コンクリートの400倍もある。木材の比強度は、他の材料より圧倒的に強いことが分る。つまり、木材は軽いわりには強い材料なので、より少ない材料で強いものをつくることができる。

「木造は火事に弱い？」

鉄に火をつけても燃えないが、木に火をつければ燃える。そのため、木の家は燃えやすいというイメージが定着している。本当に燃えやすいのだろうか？　ものが燃えるには、熱と酸素が必要だ。木が炎にあぶられると熱によって、表面部分の成分が分解されて可燃ガスが発生し、それに酸素が混じって燃え上がる。

この原理から評価すれば、木は燃えやすい素材だ。しかし、それは木っ端や薪など、小さな木の場合で、太さが10センチを超える柱や梁の場合は違う。柱や梁に火がつくと、表面は可燃ガスと酸素とで燃焼し始め、同時に表面に炭化が始まる。炭化によって酸素が遮断され、内部に酸素が供給されずなかなか燃えない。

家が全焼した跡に、真黒な柱だけが何本も立っている光景は見覚えがあるだろう。いかにも「燃え尽きた」という印象があるが、実は燃え尽きていない。ある程度の太さの柱の内部は燃

●家の「はり」を火事にさらしたら

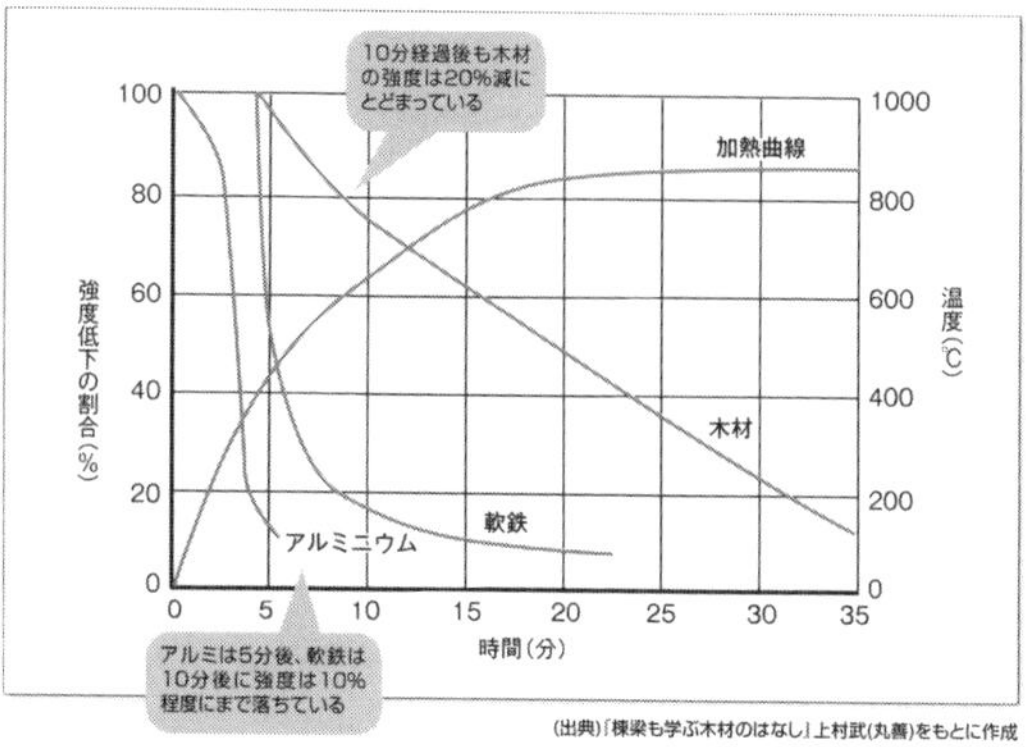

(出典)「棟梁も学ぶ木材のはなし」上村武(丸善)をもとに作成

「木と木材がわかる本」（日本実業出版社）より

えにくいのだ。

熱の伝わり易さの「熱伝導率」では、木は鉄より低いという特性がある。鉄は木のように燃え上がらないが、火の熱が伝わり易く火災で5分ほど火にさらされるだけで、強度が半分以下に落ちてしまう。対して木は10分以上火災の火にさらされていても、強度低下率は2割ほどで、半分以下になるのは20分以上かかる。

鉄骨の家であっても、火事になれば熱で鉄の強度が落ちて倒壊する危険性が生じる。木造なら柱や梁の内部までなかなか燃えずに強度を保ち、倒壊をギリギリまで防いでくれる。木の家が火事に弱いという汚名だけは返上だ。

2011年9月11日、ニューヨークWTCビルの最上階に自爆機が突っ込み炎上した。同時多発テロ事件だ。なぜこのビルが一瞬にして崩れ落ちたのか？　最上階の自爆機炎上の高熱が、全階の鉄骨や鉄筋コンクリートの強度を一瞬に奪ったのである。

このように、みなさんが思われていた常識は、少なからず非常識であったのではないだろうか。このように私たちの周りには思い込みの間違いや、安心安全や正当を主張しながらのウソが余りにも多い。

※熱伝導率とは……熱い熱、冷たい熱が伝わる量と速さをいう。木を1として、コンクリートは14倍、鉄は300倍も多く伝わる。

「心地よい」家づくり5つの重要ポイント

「心地よい」家をつくるうえで、ぜひ考えていただきたい重要なポイントが5つあるので、みなさんにお伝えしたい。

1：構造は何か

代表的な木造、鉄骨造、コンクリート造があるが、木造を推奨している。木は、日本の気候風土に適し、人と同じ生物である。

木は湿気を調湿、吸湿できるが鉄やコンクリートは不可能。日本は森林国で豊富にあり価格も安い。

経年劣化が少なく長寿命である。何より、住み心地の良さが際立っている。

2：工法は何か

木造在来軸組工法を推奨。長い歴史が証明。柱等の縦軸と梁などの横軸と筋交い等の斜め軸の点と線で支える工法。地震に強いし増改築が容易。

3：素材は何を使うか

天然（自然）素材を使用。構造、内外装に無垢の木や漆喰、珪藻土、和紙等自然素材は調湿性に優れている。石油化学製品は使わない。

4：断熱はどうするか

素材は調湿性能に優れているセルローズファイバーを採用。さらに施工は、「断熱屋」山本順三氏が開発したZ工法が重要ポイントである。このセットが最適であり外気温を家内に入れない、出さないため、夏涼しく冬暖かい健康住宅が実現。結露を排除、防音、防虫等高い性能が実証済みだ。本塾の「住み心地のいい家」の標準装備である。

5：誰に頼むか

最後の高いハードル。設計・監理、施工などで、右の4つを実践できれば「いい家」は獲得できる。

いい家づくりは「三権分立」がベスト。

家の建築では、建築工程と関与者の存在と役割分担が重要ポイントだ。いい家塾では家づくりの基本システムとして三権分立を実行している。一番大切なのは、住まい手である施主が主役であること。その希望条件を最大限活かし、満足を提供するにはどうするかである。

「いい家塾」の場合、家づくりのファーストステップは本塾の事務局でのインタビューからスタートする。細密なヒアリングシートに答えて頂き、それをもとに家族の様々な希望条件と、それに対する制約条件の確認をする。

このとき建てる土地と予算が、制約条件になりがちであるため、これらへの解決策を丁寧に確認していく。基本方針が決まれば、条件に適合する最適な設計者と施工者のプロジェクトチームを編成する。これは、施主と設計者と施工者で構成する。これが三権分立のシステムであり、本塾の役割はすべてのプロデュースと監修である。

予算を第一義に、設計者は施主の希望条件を図面化する。施主の希望を、基本設計から実施設計までの分厚い図書にする。本塾ではこれに概ね半年かける。但し急ぐ場合は打合せの間隔で調整する。私も同席してアドバイス、オンリーワンの「いい家像」を一緒に構築していく。最適な設計に基づき施工担当の工務店が現場で建ち上げていく。こちらも大きさにもよるが約半年かける。そして、丁寧に約一年計画で建築する。

この時、設計通り施工しているかを、現場でチェックする監理業務も設計者のもうひとつの役割である。

住まい手の希望を、設計者と施工者のそれぞれが緊張感をもって家づくりをする。

費用の代金は施主から、設計者と施工者がそれぞれ直接頂く。

本塾は、最適な設計者と施工者、その他断熱施工者や資材の木材などトータルでプロデュースし、家づくりをトータルで監修する。あくまで主役は施主である。

家づくりは、多くの優秀な専門家の技術と役割分担と最適な資材の集合体である。ハウスメーカーの業態のようにすべて自社で完結すべきではない。なぜだか解っていただけるだろう。塾生の施主から結果満足を頂戴していることで、このシステムがベストであると確信している。

家は買うものにあらず「つくるもの」

ハウスメーカーの場合、いわゆる顧客は、「施主」ではなく「買主」が相手である。これが大きな相違点である。販売担当の営業マンは、プレハブ住宅という規格品の商品を売っている。

商品カタログをもとにして、間取り等の希望を買主から聴取

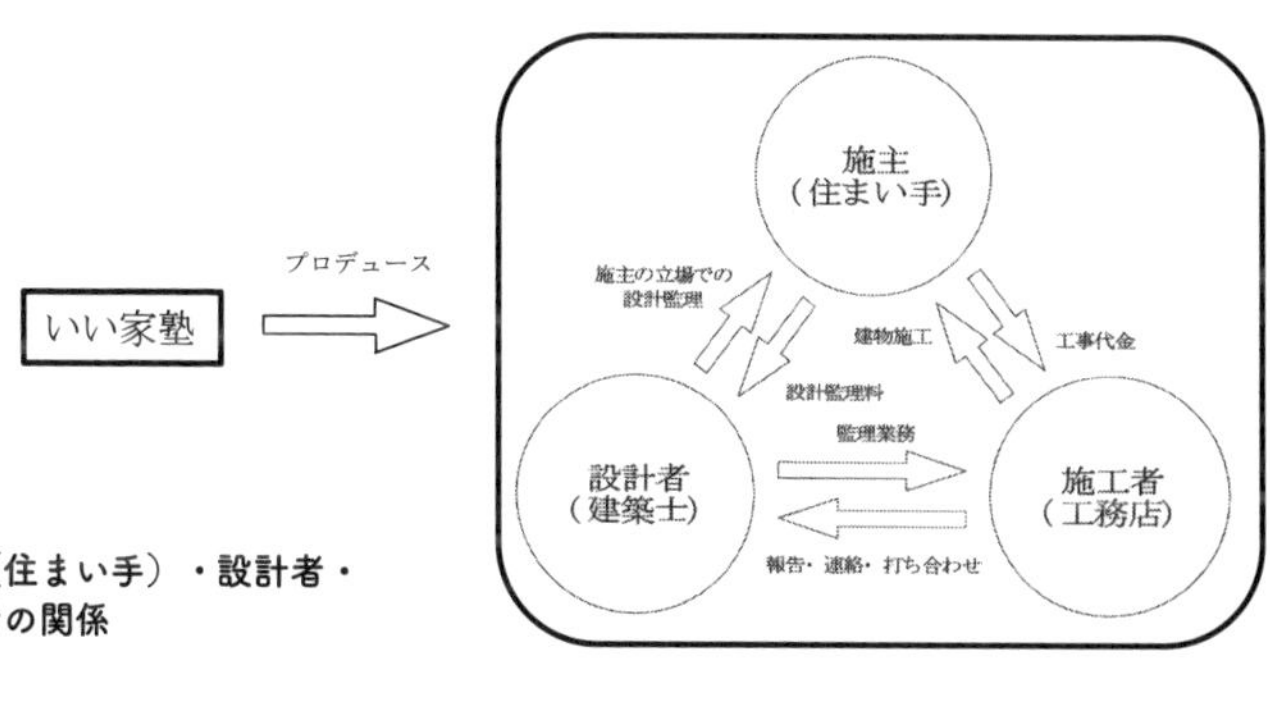

施主（住まい手）・設計者・施工者の関係

し、それに基づき設計者は、規格のパターンを変更や修正する。要するに、買主はパターンの決まった工業化商品である既製品（規格品）の家を買うのである。

家をつくる人は「施主」であり、既製品の家を買うのは「買主」である。この違いは将来、光と影、天と地の差になる。「家を買う」という感覚である限り、実際に暮らしはじめてから、「えっ、こんなはずでは……」と後悔する恐れはなくならない。

なぜか。それは、家は本質的には既製品であってはならないからだ。既製品を買って、それに家族の暮らし方を合わせるようでは、豊かな暮らしは実現できない。それに、家族が健康で快適に暮らしていくための品質が保証されているかどうかが、既製品ではよく見えない。基礎や土台、壁の中など多くの部分は完成すれば包み込まれて隠れてしまう。この隠れてしまう箇所があまりにも多岐にわたり重要な部位なのである。

構造や工法、そして素材は何を使用しているのか？　合理化と称して手抜き工事が横行し、短命住宅や欠陥住宅が後を絶たない現実がある。

健康で快適で豊かな、あなたの家族だけの暮らしを実現したいのなら、「家はつくる」ものでなければならない。

建売住宅やマンションはまさに既製品なので、「家を買う」しかできない。ハウスメーカーのプレハブ住宅も、自由設計をうたいながらも、限られたプランを選択する程度のものも多く、まだまだ規格化されていて、私の思う「家をつくる」というにはほど遠い。

いずれにしても、「家を買う」という認識から脱却して、「家は買うものではなく、つくるもの」という認識に切り替えていくことが、いい家づくりの基本である。

※「住まいのカタログ」無料プレゼントと各社広告している。

住まいは第三の皮膚

住まいと衣類も自然素材が望ましい。特に素肌に着ける下着は、石油化学繊維ではなく自然素材をお勧めする。綿は通気性&吸汗性に富み、肌触りがよく人体になじむ。

著名な建築家デヴィッド・ピアソンは、「住まいは有機的組織体に匹敵する、私たち自身の皮膚のように、不可欠な機能『保護、保温、呼吸、吸収、蒸発、調節、伝達』を遂行する『第3の皮膚』である」そして、「衣服は第2の皮膚」と述べている。まさに正論である。本塾ではいい家づくりの基本として実践している。

私はこの説に触れた時、すぐ思い出したのはエジプトのミイラの発見記事だった。3千年以上の眠りから覚め、血液型もDNAも判る完全な姿で発掘されたのはなぜか?

完全なミイラ状態で発見できたのには根拠と理由があった。通気性のある麻と綿の包帯で全身をぐるぐる巻きにされていたこと。そして吸湿性、放湿性、調湿機能がある木棺に納められていたこと。腐る要素である、水と酸素がない砂地であったこと。乾燥した砂地の地中深く埋まっていたという好条件であったこと。これらの好条件が存在したのが理由である。

しかし、木や植物繊維の機能と生命力にはあらためて驚かされる。私たち人間と同じ生物であることがなによりの証です。

人生100年時代の9060（キュウマルロクマル）現象とは

8020（ハチマルニーマル）運動は、厚労省や日本歯科医師会が推進してきた「80歳で20本以上の歯を残そう」運動である。また、8050問題がある。50歳台の引きこもりやニートの子供を、80歳台の親が面倒を見るという社会現象である。

では、表題の「9060」（キュウマルロクマル）とはなにか?

これは筆者が「いい家塾の家づくり」を通して実感している現象で「新介護エイジ」であり私の造語です。高齢女性の4分の1が90歳台の今、「90歳台の親と60歳台の子供が同居する『老々介護』の時代」という現象です。人生の終章を豊かに過ごして頂くため、家庭内介護仕様や終の棲家造りの実体験から、あるべき姿の提言である。

昨年卒業した第20期生のSさんとTさんの「9060」事例を紹介する。

Sさんは、90歳のお母さんと同居マンションを家庭内介護をする仕様にリノベーションした。

従来の住居は、出入り口が2階にあり外階段で危険であった。そのため、車いすで外出もままならず、ほとんどベッドで過ごされていた。一念発起したSさんは、お母さんが外出できる環境にしたいと相談に来られ、一緒に土地探しから始めた。しかし、時間や環境や予算の関係から、中古マンションを買ってリノベーションすることにした。5月に新居に引っ越されて、住み心地の良さに「別天地です」と母娘さんから喜んでいただいた。

Tさんは、お母さんと別居生活であったが定年を機に、お父さんから相続した土地に90歳のお母さんと同居するための「家庭内介護仕様で親子の終の棲家」造りがスタートした。150m後背に猪名川が流れている。ハザードマップと池田市危機管理課で調査の結果・内水氾濫と外水氾濫が0・5メートルの地域と判明した。通常の床高は50〜60センチですが、対策として床高を1メートルに設定した。そのため、玄関の高さが1メートルになる。お母さんが将来車いすになるのを想定して12メートルのスロープを設置し車いすで外出できるようにした。

設計が終わりオンリーワンのいい家で新春を迎えていただく。Tさんのように「息子介護」の時代でもある。

家づくりを後悔しないために

「家を買って後悔する人を無くしたい」

賢明な消費者の輩出を目的に講座を始めて18年になる。

しかしながら現代は家づくりの問題があまりにも多い。企業は真実を伝えていないし、消費者も真実を知ろうとしない。結果、家づくりを後悔するという悪循環である。後悔しないために、消費者自身も本物を知り自己防衛することが必要なのである。

「こんな家がほしい」「こんな家に住みたい」「いい家とはこんな家です」と、明確に主張できるようになれば、それが上質な消費社会を創り、企業の意識を変えていく。ひいては社会全体をも変えていくことになる。

「いい家塾」は一人一人の夢を形にするひとつのコミュニティであり、自立に導いてくれる社会学校です。家について知り、学び、教えあうことは暮らしのあり方を見直すこと。住宅産業界や行政に働きかけていく大きな力に育っていくことをいつも願って家づくりに励んでいる。

合言葉は「家、笑う」である。

第2章

「地球」の危機

ここからは、私たち人間が住まわせてもらっている「地球の住み心地」を考えたい。

冒頭にもあげた「地球温暖化」は、地球を危機へと向かわせる最大の問題であるが、地球温暖化の原因となっているガスには様々なものがある。なかでも二酸化炭素はもっとも温暖化への影響度が大きいガスであり、産業革命以降、化石燃料の使用が増え、その結果、大気中の二酸化炭素の濃度も増加している。

筆者の前著書『真逆を生きる』（JDC出版）の第4章に、「2003年8月、ヨーロッパが熱波に襲われ、3千人以上が死亡した。これは、地球温暖化現象による異常気象である」と指摘した。そもそも石造りの家は遮熱効果が高く、一度室温が上がると下がらない。高温の室内から逃げる場所もない人々が熱中症になり犠牲となった。中部ヨーロッパのドイツのミュンヘンと北海道の札幌は緯度が同じであるが、北欧のスウェーデンではなおさら夏の熱波は過酷であろう。また、北極海の氷溶が進み船の航行が計画され、グリーンランドでは氷床が溶けてあちこちで湖ができていると書いた。

地球温暖化のメカニズム――ヨーロッパの熱波と熱帯雨林の火災

現在、地球の平均気温は14度前後であるが、もし大気中に水蒸気、二酸化炭素、メタンなどの温室効果ガスがなければ、マイナス19度くらいになる。太陽から地球に降り注ぐ光は、地球の大気を素通りして地面を暖め、その地表から放射される熱を温室効果ガスが吸収し大気を暖めているからだ。

近年、産業活動が活発になり、二酸化炭素、メタン、さらにはフロン類などの温室効果ガスが大量に排出されて大気中の濃度が高まり熱の吸収が増えた結果、気温が上昇し始めている。これが地球温暖化である。ヨーロッパでは熱波が襲い日本でも大型台風や大水害が多発した。

これらは、温暖化による異常気象が原因と言われている。約250年前と比較して、約1・0度の気温の上昇が、このような深刻な変化の原因であるといわれる。それゆえ、このままの二酸化炭素の排出が続くなら、10年後の2030年には1・5度を超えてしまう。そうなれば、干ばつ、熱波、豪雨などで洪水や食糧危機が頻発するだろう。

また、20世紀（1901〜2010年）の間、海面は19センチ上昇した。今後、地球温暖化に伴う海水温の上昇による熱膨張と氷河などの融解によって、2100年までに最大82センチ上昇すると予測される。海水の温度の上昇で、南極の氷が解けると、太平洋上の島々では海面が1メートル上昇すると予測され、砂浜が90％消滅するという。海岸線の後退や水没する島が出てくると予測される。

作家の湊かなえ氏は20代の頃、青年海外協力隊員としてトンガ王国に2年間赴任したが、20年後テレビ番組の取材でトンガに行ったとき、バーベキューを楽しんでいたお気に入りの白い砂浜がほぼなくなり、立ち入り禁止になっていたのを目にした。海岸線が大きく後退していたのだ。地球温暖化による海面上昇を目の当たりにして、ショックを受けたという。我が国でも、海の異変といえば「春の味覚」であるハマグリが、11月に九十九里浜にたくさん打ち上げられた。大粒の二枚貝がごろごろした晩秋らしからぬ光景は、一説によると海水温の上昇が原因だという。

7月の豪雨では、過去20年間で最大の降雨量となった。九州地方を中心に甚大な被害が出た。住宅への被害は1万7000棟を超え、犠牲者は82人に上り行方不明が4人という。

一方で、7月の台風発生は、気象庁が昭和26年に統計を取り始めて以降初めてゼロとなった。例年、年間14～39個発生するうち7月は最大8個発生するのだが、これはインド洋の海面水温の上昇から、太平洋高気圧の張り出しが原因という。この海水温の上昇が日本列島の豪雨や異例の長梅雨であったのだ。

中国でも、7月13日、国営TVは、6月から続く記録的な豪雨による死者・不明者は141人、3800万人が被災したと伝えた。

8月になると日本列島は猛暑&酷暑になった。17日、浜松市で国内史上最高タイの41・1度を観測した。これは、高気圧が2階建てになった状態が続いていることが原因という。ますます熱中症の健康被害が心配である。アメリカのロサンゼルスでは6日、気温49・4度を記録した。カリフォルニア州では8月16日にデスバレーで54・4度を観測した。落雷などによる山火事も再び勢いを増し、木々が激しい炎に包まれた。今年に入ってからカリフォルニアの焼失面積は、東京都の4倍近くに相当する約8500平方キロに達しているという。

まさに悪循環の現象が顕著になってきたのだ。地球温暖化の原因である化石燃料によるCO_2は、樹木が吸収し代わりに酸素を放出している。私たち人間の生命の源泉「酸素」の供給源である樹木。その森林が大規模な山火事になっているのだ。悪因が悪果を生んでいる。

「地球の危機・地球の悲鳴」なのだ。

「私のマイクのスイッチが入っていますか? 私の声が聞こえていますか?」

この呼びかけがずっと心に響いている。トゥンベリさんの指摘は「地球の悲鳴であり、地球の叫び」である。私たち大人への苦言であり、まさに正論である。この天からの警告を真摯に聞き、私たち地球人は、今こそ行動を起こさねばならない。

80億人に迫る私たち地球人は、地球というひとつの家に住んでいる。その地球の危機を、未来がある子供たちの叫びを、大人たちは如何にきき、対応してきたであろうか。

天災か人災か

平成30年、日本列島は天変地異の連続に恐れ慄いている。7月6日からの3日間で年間雨量の1割が西日本に降った。この豪雨による被害は16府県に及び230余名の尊い命が奪われた。8月になり40度近い猛暑が続く中、多くの熱中症患者が続出した。そして震度6強の北大阪地震が発生した。さらに記録的な数の台風が頻発するなか、9月4日台風21号が近畿を直撃し関西国際空港等に大きな被害を出した。

そして6日に震度7の地震が北海道を襲った。震源は内陸の活断層がずれて起きた可能性が高いといわれる。

震度7を記録した厚真町では広範囲にわたり山の斜面が崩れ落ち、土砂が木々をなぎ倒し家屋を押しつぶした。無残に押し流された家屋を写真で見ると、山裾に住宅を建てる危険性を思い知らされる。

これは、地震と豪雨による複合災害である。周辺の地盤は数百万年前の砂や泥が固まった堆積岩が基盤。その上に支笏湖を形成した約4万年前の噴火による火山灰や軽石などの火山噴出物が4～5メートル積もり、さらに土壌が載った3層で地滑りが起こりやすい構造になっていたという。

さて、震度7が観測されたのは阪神大震災以降6回目。熊本地震は2度も起きた。


宇宙の現象「森羅万象」はすべて「原因があっての結果」である。この豪雨の原因は地球の温暖化による異常気象とされる。では、この結果もすべて天災であったのだろうか？

「災害は忘れたころにやってくる」この先人の警告を軽んじてきたのではないだろうか。今回の災害に人災の存在はなかったのか？　現在、人災の報道や声は聞こえてこないが、大きな犠牲を無にすることに警鐘を鳴らしたい。


私は原因の究明と対策について考察を重ねた。

たとえば、記録的な大雨が降り続き、「花崗岩」でできた脆い山は大規模な土砂災害を引き起こし70余人の犠牲者を出した。この脆い花崗岩が風化してサラサラとした「真砂土」になり、軟弱な表層部を構成していた。ここに集中豪雨が降り一気に岩石や樹木を巻き込み表層雪崩となり麓の住宅を一気に押しつぶした。とりわけ被害の大きかったのが広島市阿佐南区八木地区だった。

この地域はかつて「八木《やぎ》蛇落《じゃらく》地悪谷《じあくだに》」と呼ばれていた。蛇が降るような大雨で水害が多かったので悪い谷の名前が付いたと言われてきた。現在は八木地区だけが残っているが、この「八《や》木《ぎ》」だけでも岩石が流されて転がっている場所を示している。古来地名は「ここは危ないぞ」と警告していたのだ。

さて、「天災か人災か」。人災とすれば誰か？　該当者は三者である。この危険な山麓に住宅地を開発した業者か、それを認可した行政か、安いからと安直に買った消費者なのか。

私の答えは明確だ。行政や業者を責めていても問題の解決にはならない。何より犠牲になるのは消費者だから「良品と悪品を峻別できる賢明な消費者」になることです。我が身は我が身で護る。賢明な消費者が行政を動かし、住宅産業界を健全な市場に再生させる。これが社会を変える近道だと信じている。

後悔しない対策として、まず土地を探すなら地域の危険情報を「ハザードマップ」としてネットで閲覧できる。さらに土地の所轄の役所の危機管理課で相談すれば情報が得られるので参考にすべきである。安全な土地の上に、震度7以上の地震にもびくともしない家づくりをすれば安心だ。それには、耐震性能確保のためまず「構造計算」に基づき、木造在来軸組工法で安心安全な「いい家」を建築してほしい。それには「良品と悪品を峻別できる賢明な消費者」になることなのである。

コラム③ 地名でわかる？ 地盤の強弱

土地の名前は、歴史やその土地の地形にちなんだものが多くあります。都市開発が進み、かつての面影がなくなってしまっていても。たとえば、水辺を連想させる「沢」「窪（久保）」「谷」「洲」などの字がついている地名は、傾向として低湿地である場合が多く、地盤的には少し注意が必要かもしれません。

市町村合併で昔からの地名が消えてしまったところでも、バス停や交差点の名前などには、古い地名がそのまま使われている場合があります。また、古地図があれば、それと照らし合わせることで、おおよその地盤の強さを推測することもできます。

ただし、地盤の強弱は非常に複雑です。道一本へだてるだけで、地盤強度がまったく違う場合もあるので、最終的には地盤調査でしっかり調べてみることをおすすめします。

地形	代表的地名
低湿地	アクダ・アクド（悪田）、アト（阿戸）、アベ（阿部）、アワラ（芦原）、ウダ（宇田）、エダ（江田）、カツタ（勝田）、カツマタ（勝俣）、カマタ（蒲田）、クボ（久保）、コタ（古田）、ゴミ（五味）、ゴンダ（権田）、タイマ（当間）、タクマ（詫間）、トダ（戸田）、トベ（戸部）、トロ・ドロ（土呂）、トンダ・ドンダ（頓田）、ニタ・ニト（仁田）、ヌカタ（額田）、ヌタ（沼田）、ノタ（野田）、ノマ（野間）、フケ（富家）、フダ（布太）、ホダ（法田）、ミドロ（美土路）、ムタ（牟田）、ヤノ（矢野）、ヤダ（八田）、ヤチ（谷地）、ヤツ（谷津）、ヤト（谷戸）、ヤハラ（矢原）、ヨド（淀）
新田干拓地	オキ（沖）、カラミ（搦）、コウヤ（興野）、コモリ（小森）、シンザイケ（新在家）、シンポ（新保）、シンヤシキ（新屋敷）、タシロ（田代）、チサキ（地先）、ナンゲンヤ（何軒家）、ハダチ（羽立）、ベッショ（別所）、ベフ（別府）
砂州・干潟	イサ（伊砂）、イサゴ（砂子）、シカ（鹿田）、ス（州）、スカ（須賀）、テマ（手間）、ユサ（由佐）、ユラ（由良）
崩崖	アヅ（小豆沢）、アゾ（阿曽原）、アボ（阿保）、ウツ（宇津）、オシダシ（押出）、カケ（掛）、カレ（干）、カロ（賀露）、カンカケ（鍵掛）、クエ（久江）、サル（猿山）、ザレ（座連）、ダツ（出谷）、ツエ（津江）、ナキ（黒薙）、ヌケ（抜谷）、ホキ（保木）、ボケ（歩危）、ヤギ（八木）

表　地形を表す地名の例

著書「いい家塾の家づくり」より

災害に関する用語

ここで災害に関する用語をまとめておこう。

1）内水氾濫《ないすいはんらん》・外水氾濫《がいすいはんらん》

河川の水を外水と呼ぶのに対し、堤防で守られた人がすんでいる場所にある水を「内水」と呼ぶ。

大雨が降ると、側溝・下水道や排水路だけでは降った雨を流しきれなくなることがある。また支川が本川に合流する所では、本川の水位が上昇すると、本川の外水が小河川に逆流することもある。このように、降った雨を排水処理できなく、建物や土地・道路が水につかってしまうことを「内水氾濫」といいます。外水氾濫と比べて、浸水規模は小さいが、いたるところで発生しやすい特徴がある。

内水氾濫

外水氾濫

国土交通省HPより

外水氾濫は、河川の堤防から水が溢れ、又は破堤して、家屋や田畑が浸水することをいう。外水氾濫が発生すると広い範囲が浸水して、大被害が発生する恐れがあるので特に注意が必要だ。

2）崖崩《がけくず》れ

地中にしみ込んだ雨水により、急な斜面が突然くずれ落ちる現象のことをいう。地震によって起こることもあり、崩れた土砂は斜面の高さの2倍、または最大50メートルにあたる距離まで届くと言われている。突然に発生するため、死者の割合が高いことも特徴です。

3）地すべり

斜面の一部あるいは全部が地下水の影響と重力によって、ゆっくりと斜面下方に移動する現象のことをいう。一日に数ミリ程度で目に見えないほどだが、突然一気に広範囲で起こるため、家や田畑、道路や鉄道などに一度に大きな被害をもたらすことがある。

4）土石流《どせきりゅう》

山や谷にある土砂が長雨や集中豪雨などにより、一気に下流へと押し流される現象のことをいう。

主に大雨が原因で起こるが、地震で崩れた土が川にたくさん入ったり、雪どけ水が土砂とまじったりして起こることもある。また、火山の噴火のあと、積もった火山灰に雨がふって起こる土石流もある。多量の土石が急激に流下し、強大な破壊力をもつため、家屋の全壊や人命の犠牲を伴うことが多い。

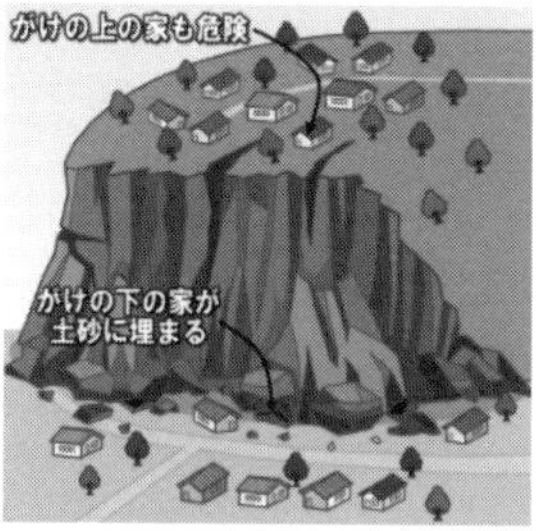

崖崩れ

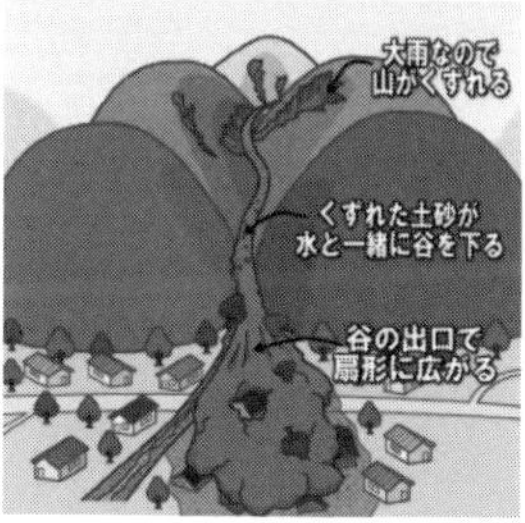

土石流

事例「広島市阿佐南区八木地区」かつてこの地域は「八木蛇落地悪谷」と呼ばれていた

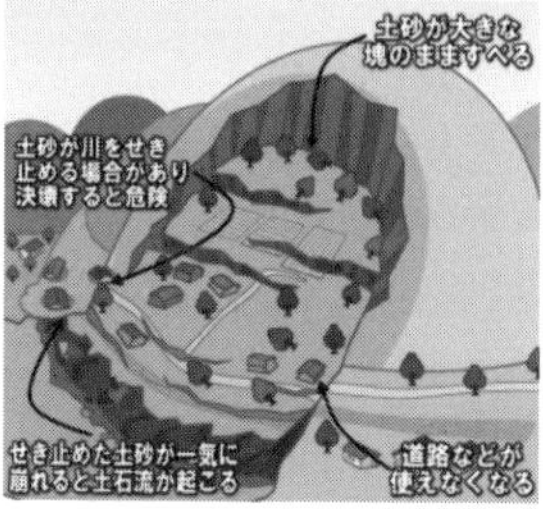

地すべり
（事例「北海道真厚町」）

国土交通省HPより

平成30年7月、西日本に豪雨を降らせ岡山県倉敷市真備町の住宅は屋根近くまで浸水した。

映画「木霊」（こだま）の制作

南洋木材をボルネオで開発輸入していた頃の、元気印で怖いもの知らずの私はある足跡を残した。

昭和48年（1973年）に映画をつくったのだ。

当時世の中では、戦後の住宅不足を解消するために、公団住宅やプレハブ住宅が次々と建てられていた。

そんな中で、たった2日で家ができ上がるという、鉄板の箱のプレハブ住宅が登場した。工場で造った鉄板の箱を並べて「はい、家です」という。私は大変な危機感を覚えた。とても人が住める代物ではない。

夏は暑くて冬は寒い。夏、クルマの中はどうなりますか？　ボンネットでは目玉焼きができますよね！　そんな家なのだ。それだけではない、音が大きく反響してとても生活できない箱である。

日本の家の構造材には、鉄や鉄筋コンクリートよりも木が適している。それなのに、木は鉄やコンクリートと比較して「燃えやすい、腐りやすい、弱い」と、ほとんどの人が誤解している。鉄板の箱のプレハブ住宅のことを知って、この誤解を正さなければ大変なことになると思った。そこで、多くの人に木の良さを正しく知ってもらうため、私が脚本を書いて映画をつくることにした。

団地住まいの四人家族が、持ち家を考え始めるところから話は始まる。そしてどんな家が良いのか、家族会議が開かれて物語は進展していく。その折々に、日本の家に木が一番適していることを科学的に説明していく。こうして、30分の劇場用映画「木霊」（こだま）が誕生した。

当時私は「大阪府木材青年経営者協議会」の副会長をしていた。そして上部団体の「日本木材青壮年団体連合会」の木材PR部会を担当していた時である。ちょうど、この鉄板の箱のプレハブ住宅が登場したことで、業界では大変な危機感の声が上がった。そこで私の発案で、脚本を書き映画をつくったのだ。

※鉄板の箱のプレハブ住宅のメーカーはトヨタ自動車で、このプレハブは早い段階で市場から撤退した。

「なんだ、君は材木屋だから木造を推薦するのだろう」と言われるかもしれない。しかし、木の長所短所を知っているからこそ、日本の気候風土にふさわしく、人体に最適なのは「木」だと、自信を持って言える。人も木もこの地球上の同じ生物だから相性がよいのである。さらに脱炭素化に適しているのだから。

森林の役割

温暖化防止には、CO_2（二酸化炭素）の排出抑制とともに、CO_2の吸収源である森林の整備等、森林吸収源対策が実は重要である。樹木はCO_2を吸収し、酸素を放出している。人は酸素を吸収し、炭素を放出しているのである。当に人間とは真逆である。地球を浄化し、人間を生かしてくれている樹木の働きと存在を理解し、感謝することが必要である。人間の生命、生存を担保してくれている森林であるのだから。

1997年、京都で開催された国連気候変動枠組条約第3回締約会議（COP3）で、「京都議定書」が採択された。我が国は、第1約束期間（2008〜2012年）においてCO_2削減約束（1990年比6%減）のうち、3・8%を森林吸収源対策で確保。それには年平均55万ヘクタールの間伐等を実施する。

引き続き、我が国の2020年度削減目標「2005年度比3・8%減」において、2・8%以上を森林吸収源対策として年平均52万ヘクタールの間伐等で確保する必要があると決定した。その結果は間もなく明らかになる。

我が国は世界有数の森林国である。国土の森林率が世界第3位で、森林面積は国土の3分の

２にあたる約２５００万ヘクタール。内訳は天然林が１４７９万ヘクタール（51％）人工林が１０２９万ヘクタール（41％）。樹種別ではスギ４４８万ヘクタール（44％）ヒノキ２６０万ヘクタール（25％）カラマツ１００万ヘクタール（10％）その他２２１万ヘクタール（21％）。森林の約４割（約１０００万ヘクタール）は人が植え育てた人工林で、森林資源は人工林を中心に成長し続けている。毎年約1億㎥増加し、現在の蓄積量は約49億㎥ある。これは世界第２位の蓄積量なのだ。

戦後植林した人工林は保育・間伐等の手入れが必要な物が多いが、樹齢40～60年生の高齢級の森林が増えており、資源として本格的な利用が可能な段階にある。この大切な世界的な資源の持つ効果を、もっと有効に活用していきたい。

今こそ、国土の森林率が68％で世界第3位であり、蓄積量が第2位の我が国の、豊富な木材資源を多方面で活用するときである。その第一は、安価な本物の素材である木材で安全安心な健康住宅をつくること。それが、森林の荒廃防止と国土保全にも繋がる。鉄骨造や鉄筋コンクリート造、工業化製品のプレハブ住宅は問題も多く、何より四季がある日本列島の風土に適していないからである。人間の身体に不適切なのだ。

地球温暖化を防ぐ方法――「脱炭素化実現に森林の役割が最重要」

前述したように、近年、異常気候による災害が多発している。それは地球温暖化による、大気中に存在する二酸化炭素などの温室効果ガスの濃度が上昇することが原因である。

地球温暖化を防ぐためには、大気中への二酸化炭素放出を減らし、さらに、大気中から二酸化炭素を取り除くことに取り組む必要がある。その大きな役割を果たしてくれるのが樹木である。植物には、半永久的に利用可能な太陽からの光エネルギーを利用して、大気中の二酸化炭素を有機物として固定するという重要な働きがある。特に樹木は幹や枝などの形で大量の炭素を蓄えている。

樹木には、1「炭素貯蔵効果」2「省エネ効果」3「カーボンニュートラル」4「化石燃料代替効果」がある。製品としての木材を住宅や家具等に利用することは、木材中の炭素を長期間にわたって貯蔵することにつながる「炭素貯蔵効果」がある。さらに、鉄やコンクリート等の資材に比べて、製造や加工に要するエネルギーが少なく、製造・加工時の二酸化炭素の排出量が抑制されることになる「省エネ効果」。また、木材のエネルギー利用は、大気中の二酸化炭素濃度に影響を与えない「カーボンニュートラル」な特性を有しており、化石燃料の使用を抑制することができる「化石燃料代替効果」。これらは地球温暖化防止対策として大きな意味を持つ。

しかしながら、我が国の住宅の現状は、木造住宅から鉄骨造や鉄筋コンクリート造、工業化製品のプレハブ住宅等が大きなシェアを占めている。これらは右の木材のような働きは期待できない。その構造的な問題は4章で考えたい。

新型コロナウイルス　パンデミック

2019年、中国河北省武漢市で発生したと言われる新型コロナウイルスが、瞬く間に世界中に蔓延した。世界保健機関（WHO）は世界のコロナ感染者が爆発的に広がっていることから「パンデミック」を表明した。

パンデミックとは、感染症が制御不能な形で世界的に流行している状態という。ギリシャ語のパン（すべての）とデモス（人々）を語源としている。新型コロナウイルスの感染拡大について、2009年に流行した新型インフルエンザ以来の「パンデミック」にあたると表明した。

1か月後の今日4月11日、感染者は170万1718人、死者10万2867人に上った。日本も感染者数は毎日拡大し、6843人になった。

東京オリンピックの延期も決定した。4月7日、安倍総理が緊急事態を宣言した。学校が長期間休校になり、一般も外出が制限され、日常が一変した。経済は縮小し大恐慌以来の経済悪化が懸念される。患者の爆発的な拡大で医療現場は限界を超える状況だという。感染拡大を防ぎ生命を守るため、献身されている医師や看護師など、医療現場の皆様には頭が下がる。

この新型コロナウィルスはほんのわずかな時間で世界を一変させたわけだが、今後もこうしたことが起こらないとは限らない。温暖化で北極の永久凍土が溶解することによって、これまで氷の世界に閉ざされてきた未知なるウィルスが地表にばらまかれる可能性があるというのだ。温暖化による影響が極めて多岐に渡り甚大であることを、私たちは胸に留めておかなければならない。

話は変わるが私は過去苦難の時、川柳に助けられた。五七五の17音字による世界一の短文芸に「季節」を詠む俳句と、「人」を詠む川柳がある。

俳句は季語など多くの決め事があり天邪鬼な私は苦手だ。江戸時代商人の間で広まった川柳は自由奔放に世間の出来事や人の心にまでずかずか入ってくる。世相の移ろいに人心の危うさが絡まるとんでもない心の世界で遊ぶことができる。よく川柳は言葉遊びですね！　と言われるが私は「心遊び」だと決めている。

「遊楽」は私の柳号（雅号）だ。

江戸時代前期、難波が生んだ文豪「井原西鶴」の「日本永代蔵」や「世間胸算用」に注目すると、商人の精神や振る舞い、今流にいえば経営理念や行動規範を説いている。近江商人はこれに注目、商売には人格や振舞いが深く関わると考え、多くの商家には「始末・算用・才覚」をモットーとした家訓が残されている。

しかし西鶴が説いたのは「始末・算用・才覚・遊楽」だった。なぜ近江商人は遊楽を排除したのか。日本は長い間貧しく泥にまみれ額に汗して、勤勉努力を旨としてひたすら働いてきた。遊ぶとか楽をするといった行為は論外であり、罪悪と決めつけた節も伺える。

では、西鶴が説いた遊楽の真意はどのような精神であったのだろうか。たとえ逆境に直面しても、明るくゆったりとした遊び心で苦をも楽しむくらいの余裕。心の陽性でありプラス思考が、自らを幸せに導くキーワードだと理解している。「ネバーギブアップ」である。

車のハンドルやブレーキに遊びがあるから安全に運転できる。この逆境に、ここ一番で実力を発揮するには「遊楽」の事を楽しむ余裕が自らを救済するのだと信じる。

「明けない夜はない」と先人の教訓もある。そこで一句。

川柳　「パンデミック　サヨナラしても　いいコ～ロ～ナ～～♪」　遊楽
コロナ・パンデミックが全世界、地球規模で猛威を振るい、当にコロナ戦争の様相になっている。令和3年2月18日現在、世界全体の感染者数は1億994万3604人（内死者243万3604人）、最多は米国で2782万6814人（49万5540人）。日本は42万2670人（7312人）。1日も早い収束を祈るばかりだ。

医療の最前線へ「免疫力の難波葱」の贈り物——大阪難波葱普及委員会が加工食品を開発・寄贈

新型コロナウイルスの拡大感染拡大で、緊急事態宣言が出される状況下、免疫力を高める効果が高いとされる大阪の伝統野菜「難波葱《なんばねぎ》」を使って開発した加工食品を、感染者の治療にあたる医療従事者に無償提供するプロジェクトが、難波葱の普及に取り組む人達によって進められてきた。

大阪に古くから伝わり「九条葱」や「千住葱」のルーツと伝えられている「難波葱」は、葉の繊維が柔らかく、包丁で切ると糸が引くほど強いぬめりが特徴。大阪では江戸時代から盛んに栽培されていたが、機械での加工に向かないことから一時は市場から姿が消えかけた。しかし近年、ぬめり成分に自然免疫力句を高める働きがあり、難波葱には通常の葱より豊富に含まれていることが、国の研究機関によって検証されたという。

これに着目したのが「難波葱の会」、「NPO法人浪花魚菜の会」の市民グループや、産地である松原市の幸南食糧株式会社で提供する加工食品が試作生産された。難波葱の効能を社会貢献活動につなげようと昨年8月「大阪難波葱普及委員会」を結成し、効能を生かしたまま手軽に食べられる加工食品を開発した。感染症と戦っている医療従事者に感謝と慰労を込めてプロジェクトを立ち上げた。昨年末からクラウドファンディングで資金を募って難波葱の効能を生かしたまま手軽に食べられる加工食品を開発。2月5日最前線で戦う大阪市立病院機構十三市民病院。大阪精神医療センター。羽曳野医療センター。大阪府下の3ヵ所の医療機関に各商品1500食（500人分）が届けられた。

寄贈者を代表して大阪難波葱普及委員会の難波リンゴ会長は「クラウドファンディングから生産までたくさんの方からご支援を得て、医療従事者の皆様に沢山の感謝の気持ちをお届けできてホッとしています」と語った。3月には2回目の寄贈を予定しているという。また一般販売も進めていくという。復活を期待しましょう。

「難波リンゴ」さんは現在「天王寺蕪の会・事務局長」として野沢温泉村と友好交流を継続中であり、平成21年、難波葱の存在を知り、普及活動を続けてきた。平成29年、難波葱が「なにわの伝統野菜」として認証される。現在「難波葱の会・会長」「大阪難波葱普及委員会・代表」として普及活動を継続一生懸命である。

大阪の伝統野菜の復活普及活動が顕著であるとして次の顕彰を頂いている。

平成17年　第8回なにわ大賞　特別賞受賞。

令和2年　東久邇宮文化褒章受賞。おめでとうございます。そこで1句。

＊川柳「難波葱　難波リンゴが　復活祭」遊楽

※大阪日日新聞に「澪標」という名物コラムがある。読者が5回リレー執筆して320名が担当してきた。私はこのOBの会「澪標会」を立上げ代表幹事をしている。年に1回「澪標交流サロン」を開催してきた。難波リンゴさんもメンバーで会の運営にも協力して頂きサロンには全回参加している。せっかくの機会ですので本書に登場するメンバー2名を紹介します。装丁画と三角木馬のイラストを描いてくれた「とくいさとし」さん。「関西よつば連絡会」の紹介コラムを書いた鈴木伸明さんの3名が錦上花を添えてくれた。ありがとうございます。

食糧の低自給率&国産木材と輸入木材の比率

日本の田畑は放棄され里山は荒れ放題。しかし、国力の基盤を強固に確立するためには、第一次産業である農林漁業が基幹産業として健全な状態でなければならない。問題は、食料と木材の二つだ。

まず、低い食料自給率に大いなる危機感を持っている。日本の食料自給率は38％以下とただでさえ低いのに、新型コロナウイルス禍によって、食物生産量が減り、流通にも支障が出てくるはず。また、これからの気候変動による凶作、不作が重なると食料や水は世界的な戦略物資となる。食糧安全保障の面からも、早急に自給率を倍増すべく農業行政に赤信号を点灯したい。次に水源地でもある森林の問題である。

二つ目は木材の自給率だ。

日本はかつて「木の国」といわれた。古代から木材を建築はじめ豊かな木の文化を築いてきた。国土面積に占める森林の割合は68%で、フィンランド、スウェーデンに次いで3番目の森林国だ。さらに、樹木の蓄積量は世界2位なのである。問題は輸入木材が70%もある現状だ。国産材のシェアは僅か30%しかない。この現状を逆転させなければならない。100%供給可能な蓄積量が存在するのだから。さらに、日本の木材は輸入木材より品質も優れている。価格も随分安くなっている。もともと材木屋のキゾク（木族）である私が言うのだから間違いない。（笑）関係省庁や林業、木材関係業界に改善を要望する。

何より再生可能な木材資源をもっと活用して頂きたい。それによって、手入れがされず荒れ放題の里山が蘇る。国土は保全され、林業経営後継者も増え、食料や木材の自給率も向上する。何より地球温暖化対策に、直接最高に貢献するのだから。さらに、逆転の発想で農産品の輸出が増加したように「木材輸出国」に転換してもらいたい。

地場産業の衰退が過疎化の主たる原因だ。田畑が耕作され瑞穂の国が蘇り、里山が再生されれば山村に子供たちの笑顔があふれ､元気な声が響きわたり｢限界集落｣がなくなるだろう。「子供は日本の宝」です。私たちの価値観が健全な方向に向かい、心豊かで安心して人生を過ごせる良き社会を、みんなで築いていきたい。

企業間競争は三要素から五要素へと進化した

1：品質
2：価格
3：納期　これだけではライバルと差別化ができなくなった。
4：情報　ＩＴ・ＡＩ（人工知能）・ＤＸ（デジタル化）
5：感性　感性コミュニケーション能力

眼・耳・鼻・舌・身を・五感識・五感能・五欲ともいう。人のあくなき欲望は、この五感の満足を満たすためであることから、五煩悩ともいい、迷いの根源にもなった。五感は身体の表面にある器官・機能。そこで感じたものが、心身の第六識の「意」（意識）に感応する。

俗にいう第六感である。これらを総じて感性コミュニケーション能力と定義した。

私は21世紀になった時に、経営コンサルティングの場で、「感性コミュニケーション時代」が到来したといってきた。先進の情報をＩＴ＆ＡＩ＆ＤＸ等を活用し、環境の変化を「眼耳鼻舌身」の・五感識・五感能・五欲を駆使して感受する。人はこの五欲が過ぎると五煩悩に迷う。

「過ぎたるは及ばざるがごとし」である。

さらに、第六識（意識）を以て世界の変化やニーズに感性を研ぎ澄ませ、察知し適応していくことだと信じる。

企業とは何か？――「企業とは環境適応業である」

これは、アメリカの現代経営哲学の父「ピーター・F・ドラッカー」の説である。

アメリカの流通小売業界で世界一になったシアーズ百貨店。百年間、小売業界で勝ち残った秘策は、外界の取り巻く環境の変化に悉く見事に適応してきた。

政治、経済、戦争、自然環境の変化と、多様な消費者の嗜好等、千変万化の外界の変化に柔軟に見事に適応してきた、経営戦略の結果としての勝利であった。これこそ勝ち残った勝因である。これを著書『シアーズ物語』で実証した。今もこれに代わる説がなく正論であると筆者は思っている。

さらに、**企業の目的は何か？**

それは「**存続と発展**」だという。重要なこの二つの定義は不離一体だと理解した。

さらに**企業活動の目的は何か？**

この問いに多くの人は「利益」と答える。しかし、過去「利益」を目的にした多くの企業の蹉跌を見てきた。

ドラッカーは「**顧客の創造**」だと諭した。利益は顧客自身の利益であり、企業に価値を認めたという顧客からの「贈答」(プレゼント)なのだと筆者は理解した。顧客の創造の実現には「マーケティング」(市場開発)で売れる仕組みづくりと「イノベーション」(革新)が必須機能であると説いた。

人の生涯とは何か?――「人生とは環境適応者である」

昭和の終わり間近の昭和60年、まさにバブル絶頂期で狂乱物価が吹き荒れた。激動の昭和が終わり、まるで真逆の平成が始まった。

これを「真逆対比表」として纏めたのでふり返ってみてください。私たちの暮らしや生活など、環境の変化に如何に対応してきたのであろうか!

素早く、柔軟に真逆の変化に適応できた人は、明るい令和を迎えているはずです。

※前著書『真逆を生きる～平成元年を境に世の中180度変わった～』(JDC出版)参照

そして変化に対応し、先進的な取組をしている企業を次に紹介したい。

真逆対比表（代表例）

平成　特記事項	昭和　特記事項
物余り	物不足
価格決定権者＝消費者 消費者優先時代 消費者保護＝ PL 法制定 生活者主権の時代になった	価格決定権者＝生産者 生産者優先時代 生産者保護＝生産者優遇措置法案・助成金・優遇税制
人口 = 減少	人口 = 増加
人生 100 年	人生 70 年
円高（輸入に有利）	円安（輸出に有利）
デフレ経済＝右肩下がり 円高・債券安・株安のトリプル安現象＝価格破壊 「もったいない」が合言葉に	インフレ経済＝右肩上がり 戦後復興経済→所得倍増政策。現象＝狂乱物価を生む 「消費は美徳」使い捨てに
経済＝縮小経済　安定成長	経済＝拡大経済　高度成長
平成 2 年不動産融資の「総量規制」バブル崩壊土地神話が崩壊・株価の暴落	昭和 60 年プラザ合意。円売りで急増した円が株高・土地高がバブルに。土地神話誕生
平成 25 年、大納会で日経平均株価が 16291 円であった。50 社中 35 位にトヨタ自動車 1 社のみという凋落ぶりであった。	昭和 64 年大納会で日経平均株価が 38,915 円をつけバブルのピークに。時価総額は 590 兆円で世界第 1 位となり、上位 50 社中 34 社が日本企業が占めた。
東西冷戦終結　米国 1 極時代 中国の台頭　地域紛争の頻発	東西冷戦時代 ソ連の崩壊

※ PL 法：製造物責任法

◉事例1　産業の6次化を実践してきた「梼原町森林組合」

梼原町森林組合は組合員1211人の林業家で構成している。四万十川の源流に位置し「雲の上の町」と呼ばれている、あの坂本龍馬が脱藩していった梼原町で、先進の林業経営をされている。これが重要ポイントです。

FSC国際森林管理協議会が日本で森林組合として最初に認定したのも梼原町森林組合であった。持続可能な森林資源の生産と、木材の付加価値を高める取り組みを推進していることがその証である。さらにアベノミクスで、政府が推奨する産業の六次化を以前から既に実践されている。流石である。

六次産業とは、生産物の価値を上げるため、農林漁業者が二次産業にも三次産業にも取り組むことを指します。

・一次産業

農林漁業の第一次産業が自らで原材料を生産する。

梼原町森林組合の場合は、森林管理、経営、環境、造林、育林、伐採、植林など実践。

塾生家族と大型観光バスで梼原町森林組合を訪問。

・二次産業

集材した原木を製材、加工、乾燥を行い付加価値を付ける作業を実行。ペレットまで生産している。

・三次産業

自らの生産物を、自らで加工し、自らで販売する。

一棟分を加工し揃えて販売。現地まで配送。すべてを自社で完結することが産業の六次化である。

私がなぜ梼原町森林組合に協賛企業になって頂いたか？　なぜパートナーに選んだか、これでおわかりいただけたと思う。

家づくりには多くの優れた、人材や技術や商品やサービスが不可欠で、それらの最適な人や物の集まり、その集合体が「いい家塾」なのである。

これが、私の大きな自慢であり、最高傑作です。

※6次化＝1＋2＋3＝6　・1×2×3＝6

高知県高岡郡梼原町森林組合は「いい家塾」の協賛企業です

高知県梼原町森林組合 参事
西村寿勝

いい家塾さんは、平成15年9月に設立されました。平成17年から、ＦＳＣ顔の見える家づくり産地見学ツアーで本年まで都合、275名に来町して頂いております。目的は、FSCの管理された森林見学であり、伐採祈願であり、工場見学です。

また、梼原の木材を使用して40棟建築して頂き、内平成20年からは自ら伐採した木材を使用して建築をする伐採祈願祭を行って34棟建築を行って頂いております。

いい家塾と梼原の絆は、塾長の理念の中のひとつ、健康を重視した家づくり、環境に配慮した家づくりで、梼原が、環境に配慮した木材（FSC材）で、山の伐採から製材、乾燥、加工、木材流通まで一貫して行っていたことです。

梼原の農家民宿さん達も、おもてなしの心で接して頂いたことも喜んで頂けたと思います。

また、関係が深まったのは、私達スタッフと塾生の施主様が夫々を見学、体験できたからでしょう。貴重な体験は、いい家塾が開催している講座に講師として参加したことです。後悔しない家づくりのために、いい家塾の講座で木材について話ができることは有り難く思っております。

いい家塾様と17年間おつきあいさせて頂き、釜中塾長の家を建築することに対する熱い思いに感動致します。

また一棟ごとの棟上げには、塾長が棟木に施主様と建築に携わった方々の名前を棟札に書きます。梼原森林組合も木材提供者として書いて頂いています。

塾長の施主様に対する想いと、関与者の責任を書いていると塾長から聞きましたが、感謝の気持ちと、後世に伝える建築に関与したことに自信と誇りを感じます。

これからも梼原の木で「いい家」が多く建てられることを祈念致します。

◉事例2　「環境適応と顧客の創造」を実践した優秀集団「関西よつば連絡会」

「食と住」これは私たち人間が生きていくための最重要な基盤だといえばだれも異論はない。人々が「安心して暮らし、手を取り合って生活し生きる基盤」が食と住である。「安全安心」な食をつくり、求め、提供してきた素晴らしい集団を紹介したい。

私は「関西よつば連絡会」は、「よつば憲章」を基本理念に掲げ、その如くに実践している素晴らしい集団であると敬意を表してきた。理念とは哲学ですから哲学者集団だと高く評価している。いい家塾は「食と住」の良きパートナーとしてシンポジウム等、共同開催してきた。当然私は会員であり賛同者である。また、本塾を会員に推薦して頂き多くの塾生が誕生し、さらに住み心地のいい家を獲得してくれている。当に歓びの共有者である。

昭和51年、当時の「有機農業運動」と「食品公害追放の消費者運動」が社会のなかで大きな高まりを見せ、安全安心な食材にこだわり「正義感と使命感」から「関西よつば連絡会」が大阪の地に誕生して45年になる。現在、大阪、京都、兵庫、奈良、滋賀、和歌山、三重の各府県、約4万世帯の会員に、各地の20の配送センターから毎週食品や生活用品を宅配（ホームデリバリー）している。食材の宅配の草分け的存在である。また仕入れ・企画を担当するセンター、物流・仕分けを業務とするセンターで構成され、職員は数百名になる。

特に注目してほしいのが、自前の農場で地場野菜を作り、牛や豚や鶏を飼育する酪農もしている点である。食肉だけではなくハムソーゼージなどの食肉加工場や、総菜や豆腐などの食品加工場を持っているのだ。全国各地から厳選した提携生産者から供給を受けるだけの単なる団体ではなく、自らも「生産活動」に従事することを目的に掲げて活動してきた。「食物」をつくる苦労と喜びを体験し、この実体験こそが農業の問題、水産物を含め食の諸問題と真正面からまじめに取り組んできた歴史だと拝察してきた。

関西よつば連絡会は「生産➡流通➡消費」の重要な3ポイントを結びつけたのだ。まさに産業の六次化を実践してきた団体である。食べ物をめぐる社会的仕組みをつくり変えなければ、安全な食べ物をお届けできない、とも考えてきた。まさに激変してきた環境の変化に、見事に適応してきた活動に敬意を表したい。

よつ葉誕生に関わった仕入れ・企画を担当する「ひこばえ」の代表を長らく務めた、鈴木明美さんは当時を振り返る。農薬まみれの野菜や添加物いっぱいの加工品が氾濫していた45年前に、食物を通じて世の中のあり方を考え、少しでも生きやすく変えたいと始めたのが「よつ葉」の活動という。現在代表は、福井浩さんに引き継がれている。

「出発当時は食べ物に関するプロフェッショナルが一人もいなかった。農業のプロも畜産のプロも、食品流通のプロも経営のプロもいなかった。ある意味素人集団がゼロから立ち上げたのがよつ葉であり、だからこそ、真剣にまじめに食のあるべき姿をみんなと一緒に考え行動してきた歴史です」と元取締役であり大北食品の元代表であった鈴木伸明さんはいう。

そんな中から「よつば憲章」という素晴らしい、共同体の憲法が誕生したのだと推察できる。そのキャッチフレーズが「きちんと食べる　きちんと暮らす」。どこまでも「顧客会員」第一主義に徹し「顧客の創造」をまじめに実践してきた理念集団である。今、地球温暖化で気候変動が顕著である。干ばつ、水害等で凶作が心配だ。この国の食材の自給率が38％と低いことが食糧安全保障面からも大きな危機である。一方食品ロスの大きさも問題である。この難局に関西よつば連絡会の存在に期待するところ大である。令和3年正月から「関西よつば連絡会」代表に田中明彦さん、事務局長に松原竜生さんが誕生した。

※益々のご発展とご活躍を祈念致します。これからも本塾はコラボ・協働して参りますので宜しくお願いします。

以下は大阪日々新聞コラム「澪標」に掲載された鈴木伸明さんの文章です。

「よつば憲章」

私たちは事業の目標、その指針とすべき考え方を「よつば憲章」として明記しました。

1・私たちは、食は自然の恵み・人も自然の一部という価値観に重きを置き、自然との関わりを大切にする、安心して暮らせる社会を求め、その実現に向けて行動します。

2・私たちはモノよりも人にこだわります。バラバラにされた生産・流通・消費のつながりを取り戻し、そして人と人とのつながりを作り直します。

3・私たちは食生活の見直しを通じて、世界の人々の生活を考え、共に生きる道を目指します。

4・私たちは、目先のとりあえずの解決より、根本的な未来に向けた暮らしの創造を目指します。

5・私たちは、志を同じくする団体や個人との協同を、小異を超えて追及します。

以上が「よつば憲章」です。私達職員の憲法です。私たちの活動はこの理念に沿い活動しているのです。

自然観に関する部分は10年ほど前に付け加えたものです。人が作り上げた社会の仕組みが、地球的、自然的なそれと対立し限界にきているように思える時代状況の中で、きちんと記す必要を感じたからです。

また、私たちは、協同組合的な組織ですので、お互いをつなぐものは、理念しかありません。それぞれの構成単位が事業理念を磨き、日日の事業を積み上げていかないと存在理由を失います。

北から南に細長くつながる列島の自然は、実に多様で豊かで、独特の生態系を育んでいました。それぞれの土地に根差した人々の暮らしがあり、四季折々の食材を上手に利用する知恵が個性的な食文化を育てていました。そんな人々の暮らしが、「奇跡の高度成長」と呼ばれる時期を経て、一変しました。

工業的な社会の進展は人々の暮らしを、食の生産と消費の形も、大きく変えました。多くの人が農漁村を離れ、都市部に移動し、自然、土地とともにあった暮らしを捨て、賃金労働者になりました。「全面的」な貨幣経済への移行です。食の生産も工業生産と同じ思想が入り込み、それが大勢となり、「食の安全」などの問題を発生させました。また、工業優先の政策は食の生産環境に大きな影響を及ぼし、修復不能なレベルにまで、自然破壊、生態系の破壊を推し進めました。

私たちの仕事はその社会変化の意味を食の分野から問うことです。また、人は自然界の様々な生き物の一部です。様々な生き物のいのちの連鎖があって、人も生きられます。そのことを無視して食を考えることなどできません。食の資源も無限ではない、と意識される時代になっています。毎年、絶滅危惧種としてレッドブックに記載される種は増えるばかりです。

1世紀にも満たない時代変化に食の分野からも悲鳴ばかりが聞こえてきます。同じような思いを抱く、生産者、都市生活者の人々とつながり、連携しながら、食の仕事を続けていいます。世界的な規模で資本主義的な仕組みが行き詰まりを見せる今、持続的、循環的な前の時代の暮らしに学ぶべき事柄は多い。これからの食のあり方について共に考える、単なる流通事業を超えた仕事づくりに努力していきたいものです。

大阪日日新聞　コラム「澪標」平成30年3月掲載　関西よつば連絡会　鈴木伸明

感想文

「いい家塾の講座」を受講して

京都市　渡辺昭雄・典子

（「よつばつうしん」平成30年1月5日号から）

みなさんは「いい家塾」をご存じですか。「いい家塾」は家を買って後悔する人があまりにも多いことから「賢明な消費者の輩出」が目的で平成15年に設立された団体です。私達が「いい家塾」とのご縁を頂いたのは「よつば通信」でした。私たち夫婦は56歳、夏は蒸し暑く冬は底冷えのする京都市内で、地区不詳の古家に住んでいます。子供達の成人を期に、家を建てるかリノベーションするかを考えておりました。

ハウスメーカーの展示場やオープンハウス等を随分見学しましたが、何かしっくりこないのです。原因は、家を建てるにあたり具体的に何が問題になるのか。資金面やどの建築会社に依頼するのか。どんな工法が良いのか。２世帯住宅にするのか、間取りはどうするのか。使用する建材の種類や施工方法など、知識を持っていないことに気づき不安が大きくなっていたのです。解決方法を思案している時に「よつばつうしん」に「いい家塾」19期受講生の募集を見ました。

早速夫婦で受講し、家づくりについて多くのことを学びまさに目から鱗でした。以前の私達なら住宅展示場やパンフレットを見て家の外観やデザインに迷わされ、熱心な営業マンにお任せしていたと思います。受講後は、かなり「家」に対して考え方が変化しました。それは、家は買うものではなく、つくるものだという事です。自らが、「家づくり」について学ぶことの大切さを痛感しました。

講座では、大手住宅メーカーの戦略や建売住宅の耐用年数、土地購入時の注意点、畳のイグサの種類からシロアリの生態、温度変化による体の負担を軽くする「調湿」の方法。通気性のないビニールクロス等、石油化学製品のシックハウスの怖さなど多岐にわたる内容でした。ローンや資金計画も学びました。

特に感動したのは、セルローズファイバーZ工法による断熱効果と調湿性能、遮音性能には驚きました。30℃を超える真夏日の午後「いい家塾」で施工した卒業生の自宅を見学した時、扇風機1台で十分でした。風の道をつくりエアコンゼロの家もあるのです。高額な家を買っても夏は暑く冬は寒い。さらに結露によるカビに悩みも多く聞きます。

家づくりは「夏の暑さを旨とすべし」を基本に「夏を制すれば冬も制する」が釜中塾長のモットーです。「こんなはずではなかった」と後悔しないためにも家づくりについて学んでみませんか。家について関心のある方は是非受講をお勧めします。長寿命でオンリーワンの住み心地のいい家、健康で安心して暮らせる家づくりの情報が盛りだくさんです。

コラム④ 手塚治虫さんの思い出

手塚治虫さんは1928年11月3日誕生、大阪府出身。昆虫大好き少年でした。大阪大学医学専門部卒業。医学博士であった。1961年、手塚治虫プロダクション（虫プロ）を設立。日本初の長編テレビアニメーション「鉄腕アトム」や「ジャングル大帝」等で日本中の子供を虜にした。すべての作品は手塚さんの永遠のテーマ「生命の尊さと正義感」で貫かれていた。何より子供が大好きでした。1989年2月9日、60年の生涯を閉じられた。

早過ぎるお別れでしたが、「すべてを伝えたよ」と私には聴こえてきた。あまりにも大きな功績に感謝以外ない。

敗戦後荒廃から立ち直った日本は、高度経済成長下での環境汚染が多くの公害を引き起こし、公害反対運動が各地で起こった。経済成長より地球環境が大切という意識が1970年前後から高まった。

手塚さんは失われていく自然や環境破壊に対しては、早い時期から危機感を抱いていた。「鉄腕アトム」や初期の作品「赤いネコの巻」（1953年）は、まだ自然環境などにはほとんど関心のなかった時代に、環境破壊をテーマにした先駆的作品でした。私の若いころ、「鉄腕アトム」と「ジャングル大帝」に熱中したのを思い出す。手塚先生は大好きな子供にも伝えるため、漫画という手段と手法で「地球・自然・生命の尊厳」を訴えられた。

今、大量生産、大量消費、早期大量廃棄という住宅産業界の戦略は世界に例がなく傲慢横暴である。（第4章参照）

私は日本の家、住まいをテーマに「いい家塾」を手段に、「地球・自然・生命の尊厳」を及ばずながら同じ視点で半世紀闘ってきたと自負しています。

スウェーデンの17歳の少女、グレタ・トゥンベリさんの地球温暖化対策、気候変動の危機を訴える真剣な声に、共感し敬意を表します。何だか「地球・自然・生命の尊厳」を訴え続けた手塚イズムがグレタさんに通じたのではないかと思う。このエッセイを書いていた時「グローバル気候マーチ」が高らかに流れ、グレタさんとアトムが先頭に行進している夢を見ました。

「手塚さん、まことに頼もしいアトムの後継者が誕生しましたよ」と喜んでいる私です。（笑）

コラム⑤ C・Wニコルさんのこと

日本の田舎暮らしにあこがれていたC・Wニコルさんが、長野県信濃町に移住したのは昭和55年である。やがてバブル経済が始まった。天然林が次々に伐採され産業廃棄物の不法投棄も横行するようになる。「森を守れ」ニコルさんの訴えに行政は耳をかさなかった。ある日、故郷である英国の南ウェールズの知人から届いた手紙がきっかけとなる。かつて炭鉱で栄え、やがてボタ山だらけとなった「アファンの谷」を森林公園として生まれ変わらせる。そんな計画を知ったニコルさんは、日本でもやろうと決心した。著作の印税やCM出演料をつぎ込んで、自宅周辺の荒れ果てた森を買い取り始めた。地元の林業家の協力を仰いで、里山の再生に取り組んできた。

34年たった今、黒姫山麓に広がる「アファンの森」は、34万平方メートル、東京ドーム7個分の広さを誇る。国や県が指定する絶滅危惧種も多く生息する豊かな森である。児童養護施設の子供や東日本大震災で被災した児童を招く活動も続けてきた。平成28年には、上皇ご夫妻がニコルさんの案内で散策を楽しまれている。

ニコルさんは22歳で空手修行のために来日したのが始まりであった。日本国籍を取得して、日本語で小説を執筆した。エリザベス女王から名誉大英勲章を授与された時、伝達式には紋付羽織袴姿で出席している。日本を愛してやまなかったニコルさんが79歳で亡くなった。

なぜそれほど日本に引き付けられたのか。理由の一つは食べ物だろう。寿司はもちろん、みそ汁、納豆からくさや、沢庵まで大好物だった。ただ小紙に寄稿した「最後の晩餐」をテーマにしたエッセーでは、祖母の焼きたての立てのパンを所望すると記している。黒姫の水を添えて。

（「産経抄」2020・4・6から）

第3章

「子供」の危機

子供たちの現実

昨年、児童虐待疑惑があるとして全国の警察が児童相談所に通告したのが過去最悪の3万7000人。そのうち大阪府が最多でした。さらに死亡が350名という悲しい結果であった。

特に、幼児への暴行虐待が相次ぎ、ウサギ用のケージで命を終えた3歳児もいた。牛乳アレルギーを持つ5歳の長女に牛乳を飲ませ呼吸困難などを起こさせたとして、殺人未遂で母親が逮捕された事件もあった。文字にすることもはばかられるが、わが子への虐待による死が後を絶たない現実に愕然とする。

また、「いじめ」も全国の国公私立の小中高で22万件余りにのぼり、年々増え続け過去最多となったと文科省の調査でわかった。心身に重大な被害を受けた児童生徒は313件、「言葉の暴力」など、いじめが原因で自殺した児童生徒は9名もいた。

心が痛んだのは、福島原発事故で避難してきた小学生の転校生が「バイ菌」と呼ばれ自殺したことだ。大阪では、小学5年生の男児が電車に飛び込み自殺した。「どうか一つの小さな命とひきかえに、とうはいごうを中止してください」と遺書を残した。自殺の直前、母親の携帯に感謝の言葉を述べていたという。この小学校は児童数の減少から3月で廃校になり、二つの学校に分かれて通うことになる。彼は仲良しと別れるのが辛いと、新しい学校への通学を嫌がっていたという。

結果から、彼の受けた教育は視野の狭いものであったと思われる。辛いことも悲しいことも楽しいこともいろんな出来事があるのが人生だ。別れもたくさん経験する。新しい学校で楽しいことや友達もたくさんできるよと希望を教えてほしかった。さらに、自分たちはまだ何も知らない「途上の人間なんだ」という現実を知らせることも教育現場の責務であったはずだ。初等教育の重要性と併せて家庭教育の重要性を痛感する。

こうしたいじめを背景に、不登校の小中学生は12万6000人にのぼり、その要因は家庭内の問題の他、友人関係、学業不振が多かったという一方、シックハウス症候群や化学物質過敏症（CS）で体調不良という、住居による原因も大きい。

RC（鉄筋コンクリート）マンションのコンクリートストレスや、RC校舎のシックスクールも体調不良の原因となり、学校に行きたくても行けない子供たちが多くいる。しかしながら、この現状と現実もほとんど周知されていないのが誠に残念である。この為本塾では「木造校舎にする運動」も展開してきた。

「寝屋川市の中1殺害・遺棄事件」——家に居場所がない子供！

一昨年8月、大阪府寝屋川市で悲しい凶悪事件が発生した。中学1年生の男女が未明に連れ去られ、殺害され遺棄された痛ましい事件である。最近、夜の街で時間をつぶす子供は少なくないという。なぜ、二人は深夜徘徊していたのか？　報道によれば「家に居場所がなく夜の街に出ていた」という。午前5時過ぎ、所在なさそうに歩く二人を駅前商店街の防犯カメラが捉え、直後に連れ去られたとみられる。二人は「よく公園などでテントを張って過ごした」また「家の中に居場所が無く玄関前にテントを張って寝た」という。　一体、二人の家庭はどのようであったのだろうか？

同日夜に市内の別の場所を夜回りしていた市防犯協会の人は「親とのコミュニケーションが不足しているのではないか」と話す。教育問題に詳しい人は「都会の穴に落ちた子供たちだ」と表現している。寝屋川市は大都市近郊のベッドタウン。地域のつながりが希薄で、こうした子供たちの受け皿が少ない。「多くの人が見ていたはずなのに、都会では無関心が多い。大人が子どもにもっとむきあうべきだ」と指摘している。

※犯人は殺人犯として死刑判決が出た。

コロナいじめ

小中学生の不登校の要因

要　　因	人　数
家庭にかかわる状況	6万1941
いじめを除く友人関係をめぐる問題	4万5735
学業の不振	3万5482
体調不良	2万2206
入学転編入学、進級時の不適応	1万1233
進路にかかわる不安	6890
学校の決まり等をめぐる問題	5188
教職員との関係をめぐる問題	5037
クラブ活動部活動等への不適応	3275
いじめ	1037
※複数回答。文科省の平成30年度調査から	

現在、コロナ禍が子供たちに与えている影響も非常に大きい。

新型コロナウイルスの影響で短縮された夏休みが終わり、新学期の授業を再開したところ、感染者に対する「コロナいじめ」や、変化を余儀なくされた家庭生活のストレスといった新たな要因から、例年以上にリスクの高まりが危惧された。この時期は毎年、不登校や自殺が増える傾向にあるが、教員の多忙化によって兆候が見逃される恐れもあり、教育現場で緊張感が高まっていたという。

休校や在校時間の短縮等で学校生活のリズムが異なり子供同士の人間関係が確立されていない中で夏休みが短縮されたことで、子供のストレスの高まり

悩み相談できる電話窓口が開設されている

名　　称	電話番号	対 応 時 間 帯
24時間子供SOSダイヤル	0120-0-78310	24時間
チャイルドライン	0120-99-7777	午後4～9時
子どもの人権110番	0120-007-110	平日午前8時半～午後5時15分～
いのちの電話	0120-783-556	午後4時～9時（毎月10日は午前8時～翌日午前8時）

が不安視されている。国立成育医療研究センターが学校再開後（6月15日～7月26日）に、6～17歳の約900人のストレス反応を調べたところ、72％が、「嫌な気持になる」「集中できない」「寝付けない」などの不調を訴えた。

「コロナいじめ」も問題化している。調査では22％の子供が「コロナになった人とは治っても一緒に遊びたくない」と回答。実際、新潟県の小中高では3月から8月25日までに、少なくても8件のいじめが確認されたという。

これは、感染症対策で学校業務が多忙化し、教員から余裕が失われている実情もあるという。7月時点で「過労死ライン」とされる月80時間以上の残業をしていた教諭は56％に上った。

疲労度の高い教員の半数近くが「子供の話を聞けなくなる」と回答しており「子供は悩みを受け止めてもらえなければいらつきを友達にぶつけていじめが起きる。負の連鎖になる」「子供と教員の双方がストレスを抱えて現状は危険的だ。不登校やいじめ、自殺などを防止するため、カウンセラーと連携して子供の面談機会を設けるなど、地域の感染状況に応じて対策を工夫する必要がある」という。

不登校深刻な低年齢化

いじめの認知件数が過去最多となった文部科学省の問題行動・不登校調査では、不登校の小中学生が前年度より約1万7000人増えて18万1272人になり、過去最多を更新した。特に深刻化しているのが学校に通えないこどもの低年齢化だという。

文科省の調査によると、令和元年度の中学生の不登校は12万7922人で、前年度比9％と大幅に増。一方、小学生は5万3350人で19・0％と大幅に増えた。平成24年度と比べると約2・5倍もの増加で、特に1、2年生はいずれも約2・9倍になった。原因は「無気力・不安」41・4％、「友人関係をめぐる問題」10・2％、「学業の不振」4・3％などだ。

問題行動・不登校調査では、いじめを積極的に認知したと、そうではない県との格差も顕在化した。学校現場にいじめの早期発見などを求めたいじめ防止対策推進法の施工から7年となるが、一部の教員らに法の趣旨が浸透していない実情を指摘する声もあるという。

また文部科学省の調査によると、スマートフォンなどの誹謗・中傷といった「ネットいじめ」の認知件数が、過去最多の1万7924件に上っていたことが判明した。ネットいじめは、小学校5608件（前年度4606件）中学校8629件（同8128件）高校3437件（同3387件）特別支援学校250件（同213件）、中学校の認知数の多さが目立つ。被害を受けた子供の中には、自ら命を絶つ選択をするところまで追い込まれるケースも少なくない。

支えになっていない大人たち

そのノートには、15歳の悲痛な叫びがつづられていた。

「いじめられた僕は誰も守ってくれない。くるしい、くるしい、くるしい」埼玉県川口市の県立高校1年だった小松田辰乃輔君はこう書き残し、2日後に自宅近くのマンション11階から飛び降りて自ら命を絶った。昨年9月のことだ。

川口市立中学に入学後、同級生からのいじめに遭い、解決されないまま卒業した。悪口、無視、靴の盗難、大切に使っていたペンも何度となく折られた。担任に手紙で繰り返し助けを求めたが、いじめは執拗に続き、不登校になった。その後、3度の自殺未遂を図り、一時は車いす生活を余儀なくされた。

それが、SOSのサインだったことは明らかだ。ノートには市教育委員会を名指しし、ひときわ大きな文字で書きなぐっていた。「大ウソつき」と。

市教育委員会がいじめを認め、調査のための第三者委員会を設けたのは、三度もの自殺未遂から半年が過ぎた平成29年秋のことだ。小松田側には連絡すらなかった。市教委は県教委から5度にわたり被害者に寄り添うように指導や助言を受けていたが、最後まで支えとなることはなかった。

「いじめとは何か」文部科学省の定義によると、児童生徒が「心身の苦痛」を感じれば、それはいじめだ。昨年度に全国の学校では過去最多となる61万件超ものいじめが認知されている。

児童虐待　最多19万件

また児童虐待の件数も、毎年増え続けている。

全国の児童相談所が令和元年度に対応した児童虐待の件数は、19万3780件で、前年度より3万3942件増え、過去最多を更新した。施工から20年間で、対応件数は約17倍に増加したという。全国215か所の児童相談所が対応した内容別では、子供の前で暴力をふるう「面前DV」や他のきょうだいと差別的扱いをするなどの「心理的虐待」が10万9118件と最も多く全体の56%を占めた。次いで身体的虐待が4万9240件で25・4%。ネグレクト（育児放棄）が3万3345件で17・2%。性的虐待も2077件で1・1%であった。

都道府県別では、大阪が2万4643件で最多。東京2万1659件、神奈川2万449件と続き、最少は鳥取の110件だった。児童相談所に寄せられる情報は、警察からの通告が9万6473件で最も多く全体の50%を占めた。他は近隣・知人2万5285件、家族・親族1万5799件で、虐待児童本人からは全体の1%にあたる1663件だったという。

いじめ対策が法制化されても、児童生徒の自殺は後を絶たない

昭和61年2月	「葬式ごっこ」等の陰湿ないじめを苦に中野富士見中学2年の鹿川裕史さんが自殺。いじめが社会問題化した。
4月	文部省がいじめを「一方的」「継続的」「深刻な苦痛」の3要素を特徴として定義した。
平成6年4月	文部省がいじめの定義に「被害児童生徒の立場に立って判断する」との趣旨を追加した。
11月	愛知県西尾市立中学2年の大河内清輝さんが暴行や多額の現金恐喝などを苦に自殺した。
18年10月	福岡県筑前町立中学2年の男子生徒が教員も加担したいじめを苦に自殺した。
23年10月	大津市立中学2年の男子生徒が自殺。教育委員会の「隠密」体質が社会問題化した。
25年11月	いじめ防止対策推進法が施行。いじめを「心身の苦痛を感じたもの」とより広く再定義した。
27年11月	茨木県取手市立中学3年の女子生徒が自殺。市教委はいじめを認めなかったが、文科省の指導を受け一転認める。
令和元年9月	埼玉県川口市の県立高校1年生の小松田辰之輔さんが「教育委員会はうそつき」とのメモを残して自殺。中学校でいじめに遭い自殺未遂を繰り返していた。
2年10月	文科省の調査で、小中高校と特別支援学校で過去最多となる61万件超のいじめが認知される。

児童虐待防止法

議員立法で成立し、平成12年11月に施行。身体的・性的虐待・育児放棄（ネグレクト）・心理的虐待の4種類を虐待と定義して禁止し、虐待が疑われる子供を発見した場合の通告義務を国民に課す。改正を重ね、児童相談所の権限を強化するなどしてきた。

この裏には、母親へのDVが隠れている。

実際、厚生労働省の専門委員会が平成19年1月〜30年3月に発生・発覚した児童虐待死亡事例を分析したところ、死亡した児童の実母の18・9%がDVを受けていた。ただ検証できていないケースも多く、実態はさらに多い可能性もあるという。児童虐待とDVは、同じ家庭内で起きている暴力だが、適応される法律や支援窓口が異なることから一体となった支援が難しいという。

薄れる子供たちの幸福感

国連児童基金（ユニセフ）は9月3日、先進・新興国38か国に住む子供の幸福度を調査した報告書を公表した。日本の子供は生活満足度の低さ、自殺率の高さから「精神的な幸福度」が37位と最低レベルであった。「身体的健康では」1位で、経済的にも恵まれていたが、学校でのいじめや家庭内での不和などを理由に幸福感を感じていない実態が明らかになった。

教育評論家の尾木直樹さんは、日本の学校現場を「いじめ地獄」と表現、偏差値編重による受験競争過熱も相まって「子どもの自己肯定感が低く、幸福感が育たないのは必然的だ」と指摘した。

報告書は、経済協力開発機構（OECD）と欧州連合（EU）の加盟国を国連などの統計を用いて分析。一定のデータが集まった38か国を「精神的な幸福度」「身体的健康」「学力・社会的スキル」の3分野で指標化した。使われたのは2015〜19年の統計で世界的な新型コロナウイルス流行前。

総合順位での1位はオランダ、2位デンマーク、3位ノルウェー。日本は20位で、最下位はチリ。米国は36位であった。精神的な幸福度生活満足度と自殺率で指標化。1位がオランダ、最下位がニュージーランド。具体的には、15歳の子供のうち生活満足度が高い割合はオランダは90％と最も高く、最下位はトルコの53％。日本は62％だった。15歳〜19歳の10万人当たりの自殺率はギリシャが1・4人と最も少なく、日本はその約5倍の7・5人。

身体的健康では、5〜19歳の肥満の割合は日本が14％と最も少なく、最も多いのは米国で42％。学力・社会的スキルでは日本は27位。読解と数学力は5位だったが、「すぐに友達ができる」と答えた15歳の割合は最下位クラスの69％だった。子供の貧困率も18・8％と平均の20％よりは低かった。報告書は新型コロナウイルスにも触れ「健康だけでなく社会経済のあらゆる面まで広がる

子供の幸福度順位

総合		精神的な幸福度	
1	オランダ	1	オランダ
2	デンマーク	2	キプロス
3	ノルウェー	3	スペイン
⋮		⋮	
20	日本		
21	韓国	32	米国
⋮		34	韓国
36	米国	37	日本
37	チリ	38	ニュージーランド

2020・9　※ユニセフ報告書による

だろう。子供たちは長期的に最も負の影響を恐れがある」と強調した。

コロナ禍で長期間、学校が休校になり「ステイホーム」となった。卒業式は父兄も在校生もいない寂しい卒業式だった。入学式も行われないまま、6月中旬まで自宅待機を余儀なくされた。子供も親も外出が制限され、双方に多大なストレスが蓄積した。TVゲーム依存や親子や夫婦間の喧嘩やDVも多く報告されるようになった。学力の低下は避けられずオンライン授業が一部始まった。親と子供の日常が改めて問われている。コロナ危機で当に「家庭教育の重要性」に直面している。

この危機に大好きな子供のために何か家庭でお役に立てないかと思い、家庭教育の現場で、親子で学習するツール（教材）、の必要性もあると私は考えた。小学生には読み聞かせ。中学生以上は親子でディスカッション。当に親子のコミュニケーションツールとして、本書を活用して頂きたい。

「望まない孤独」

なんとも悲しい言葉が叫ばれだした。「望まない孤独」という。

令和2年の自殺者が2万919人に上り、特に悲しいのは小中高生の自殺が479人で過去最多であったことだ。内訳は小学生13人、中学生120人、高校生307人。これまで最多であった昭和61年の401人を超えていた。

本章では多くの悲しい記事を書いてきた。最後の年末に自死という悲しい結果を聞かされた。まさに「望まない孤独」から「望まない結果」である。

最悪の結末の過程で何か救済のヒントがないのか？

絶望の隣は希望！

子供たちが大好きなアンパンマン。孫たちも大好きです。実は私のニックネームがアンパンマンでした。ふっくらホッペが原因でした。

「それいけアンパンマン」原作者のやなせたかしさん（平成25年没）が生前に小学館から発行された著書に書いている。

アンパンマンは決して強くない。顔が濡れれば湛えられず、ジャムおじさんに助けを求める。その両手はいつもグーの形をしている。やなせさんは、子供たちに悲しいときに「握りこぶしをつくってみてください。そして、その握りこぶしで涙をふくのです」と記している。

その書名は『絶望の隣は希望です！』です。

子供達へ！　大好きなアンパンマンは、変装したバイキンマンが子供達に悪さをし、駆けつけたアンパンマンからパンチを一発浴びて家に逃げ帰る。いつもの強いアンパンマンだが、本当は弱虫なのだよ。さあアンパンマンからプレゼント「絶望の隣は希望だよ」。絶望の時、ちょっと待って、必ず良いことがあるから！　この言葉を思い出してほしい。

また、手掛かりとして「家に居場所がない」という子供達の現象に注目したい。住まいとは「人生の基地」と定義しているが、それは集って暮らす日常だ。家族が夕餉を囲み団らんする場所が、一番重要な場所です。応接間など無くても問題なしです。昔はいろりを囲み、今はやぐら炬燵に足を入れて家族の日常に花が咲いた。

私の家づくりは「家族が集って暮らす喜び」を一番のテーマに掲げている。たとえば、家の中心に居間・食堂」を置き、ここから各部屋につながる。事例の「奥田邸や三浦邸」（P34、42）を参照してください。

たとえば子供たちが帰宅したら、玄関から直接2階や自室へは行けない。必ず居間（リビング）から自室に行く動線に設計する。家族と顔を見てのまず会話が必要だから。本塾では、3世代4世代が集って暮らす家も誕生している。

また、核家族化が進展し全体の85％になるが、3世代が集って暮らす喜びを掲げてきた。祖父母は可愛い孫の世話に嬉々とし、笑顔の会話でボケ防止にもなる。待機児童も関係なしだ。何より人生の語り部として重宝してほしい。そんないい家は、木造で自然素材の健康住宅。長寿命で家族の歴史を繋いでゆくのが家なのです。

「人は家を造り、住まいは人を創る」合言葉は「家笑う」です。そこで1句。

川柳「三世代　集って暮らし　家笑う」遊楽

第4章

「家」の危機

問題とは何か

筆者の前著書『真逆を生きる』（JDC出版）第3章に「問題とは何か」を書いた。

問題とは「当事者が認識しない限り存在しないものであり、正常方向から逸脱した状態をいう」と定義した。なぜ人は問題行為を行うのか。さらになぜ繰り返すのだろうか。さらに、問題行為を問題とは知らず（無意識）、平気で周囲に迷惑をかけていることもあるのではないか。私自身も気づかないまま、平然と問題行為を犯してきたのだろうかと考えた時、自責の念で冷や汗が噴出したのを思い出す。

私はこの定義を経営コンサルティングの現場で解説し役立ててきた。顧客企業の問題提起から課題解決や経営戦略構築などで、改善改革などに活用してきた。「光と影」を振り返るとき「負」の要素である影は「問題と非常識」が必ず関係している。たとえば、家を買ってこんなはずではなかったと、後悔する人が余りにも多い。その原因は、良品と悪品を峻別する知識が無かったこと。そして、余りにも安直に高額な家を買ってきたのが問題であり、原因であった。

私に「いい家とはどんな家ですか？」と聞かれても答えられない。「家」とは何か。この本質をみなさんがまず押さえたうえで、「私はこんな家が欲しい、こんな家に住みたい」と明確になる。そこで初めて家づくりへのGOサインが出せるということである。

大聖釈尊は衆生の「無明」の苦しみや哀しみを憐れんで、仏教を説かれた。明かりとは「善悪を見極める智慧であり光」であると。衆生は無明なるがゆえに、願わない苦しみの種を平気でまいていると諭されて「善因善果」「悪因悪果」「因果応報の理」を説かれた。原因があっての結果。蒔かぬ種は生えぬのである。これこそ宇宙の真理である。物理学ではこれを「因果律」として、物事の基本として教えている。

地球の問題点は「温暖化」であるとグレタさんが問題提起をしてくれた。日本の子供の多くの問題は「家庭」にあると子供自身が問題提起をしてくれた。次は「家」について、私たちが直面している問題を記述していきたい。

悪貨は良貨を駆逐する

現代はプラスチックをはじめ、石油化学物質万能社会になって久しい。確かに文明社会を進展させた恩恵も大きいのだが、物事には「光と影」が存在することを忘れてはならない。なぜ天然素材の本物が豊富にありながら、石油化学物質の代替品に駆逐され横行しているのだろうか。無害であれば何も言わない。有害物質だから警告している。まさに「悪貨が良貨を駆逐」した事例である。

このグラシャムの法則だが、建材のみならず住宅まで多くの悪品が良品を駆逐してしまった。戦後の高度成長時代からこの国の住宅は木造から、鉄骨造・コンクリート造・石油化学建材でできたものが席巻している。そのため、欠陥住宅や短命住宅、さらにシックハウスをつくり、シックハウス症候群や化学物質過敏症の疾病や大きなストレスを生み、多くの訴訟問題にまで発展して社会問題にまでなっている。

社会問題と言えば「プラスチックごみ」がようやく世界的な社会問題としてクローズアップされてきた。ペットボトルやレジ袋などの使い捨てプラスチックによる環境汚染が深刻だ。世界の海で深刻化するプラスチック汚染を減らすため、政府が令和元年6月（2019年）に大阪で開催した世界20か国・地域（G20）首脳会議で、2050年までに海への放出ゼロにする「大阪ブルー・オーシャン・ビジョン」として合意した。大阪湾にレジ袋300万枚、ビニール片610万枚が沈んでいるという。

海洋汚染と同様河川の汚染も深刻である。関東から沖縄の12都府県にある73の河川や港などを調査した結果、ほぼすべてで微小な（5ミリ以下）マイクロプラスチックの汚染が確認されたと、環境ベンチャーのピリカ（東京）が公表した。廃棄した人工芝も主な原因のひとつであるという。このようにプラスチックが海や河川で生物の生態系に深刻な悪因となっている。全天候型と称し、各地に人工芝の競技場が存在する。土と天然芝に原点回帰の機である。競技者の選手生命にも大きなダメージを与えているのだから。

しかし、30年後とはなんとも悠長な話である。まず日本は令和2年7月からレジ袋の有料化が始まったが、本質的な問題解決には程遠い。国内の年間廃プラスチック量は900万トンであるのに対し、使われているレジ袋は約20万トンだ。

冒頭に指摘したが、天然素材の木材や芝など本物が豊富にありながら、住まいの中に多くのプラスチック製品が使われている。建材として外壁材、内壁材、断熱材、床板、天井材、屋根材、家具、遊具、家電製品、カーテン、塗料、接着剤等などだ。

実は2018年6月にカナダで行われたG7サミットにおいて「海洋プラスチック憲章」が発表されたが、日本はアメリカと共に署名しなかった。なぜなのか。わが国は石油基幹産業の各種企業が多数存在するからに他ならない。

住宅産業界の問題点

さて、いい家塾の設立理由は、次の四分野の住宅に係る問題点が余りにも多く深刻であったからに他ならない。家を買って「こんなはずではなかった」と後悔する消費者が大変多く後を絶たないからだ。

それらの問題は、住宅産業界そのものであり、後述する行政であり、さらに大学、そして消費者自身にも起因するものだ。

我が国の住宅の平均耐用年数は26年という短命住宅であり、これでは最長35年のローンを払い終わる前に寿命がきて、建て替えなければならない理屈になる。実は住宅ローン制度が発足した当時は、最長20年であった。これに合わせた耐用年数と考えられる。また欠陥住宅など資産価値のない家も多い。夏の暑さ、冬の寒い家はほぼ多くの悩みでありわかりやすい。

また、住まいの五重苦がある。それらは、**「シックハウス・コンクリートストレス・断熱・結露・音」**の問題で、これらは健康を害し疾病を生み、社会問題に発展し訴訟問題も多く発生している。

・ハウスメーカーの主要商品は「プレハブ住宅」

「在来工法住宅」この名称は、1970年頃に大手ハウスメーカーが、工業化された住宅に新型の優れものという印象を与えることを目的に、また伝統工法や在来軸組工法をまとめて差別化するために、ハウスメーカーによってつくられたものである。しかし、工場で大量生産する工業製品は過去に存在しないので、在来ではなく新しい「プレハブ住宅」と市場で呼ばれたが、これが正統であると私は思う。

高度成長期以後、一層工業化された「プレハブ住宅」の普及を行政が政策誘導したことは、多くの国民が持ち家を所有することを可能にした。その反面、鉄骨、コンクリート、石油化学製品、集成材、合板、新建材、などで造られる工業化住宅は、健康被害や環境破壊という様々な問題や矛盾を生み出してきた。また、工業化や合理化による利益追求至上戦略は住宅の寿命を非常に短いものにし、住宅の大量生産、大量販売、早期大量廃棄は環境への大きな負荷をかける供給システムとなっている。こうした問題を解決すべく行政は先述のごとく、シックハウス対策法、品確法、長期優良住宅、地域ブランド型推進事業などを次々に施行した。だが、いずれの法や施策も、工業化住宅を基本とした対処療法でしかないため問題の解決にはならず、逆に問題は悪化し悪循環に陥っている。

※Prefabricated House……工業化住宅、工場生産住宅

・家庭内事故死と交通事故死、どっちが多い？

住まいは生命と財産を守る器であるはずなのに、最近の住宅は余りにも問題が山積している。たとえば家庭内事故死と交通事故死者数はどちらが多いか？ そりゃ屋内のほうが絶対安全だと思うでしょう？

最近内閣府の高齢社会白書」（2017年版）によれば、65歳以上の事故発生場所は「住宅」が77・1％と突出している。

65歳以上の交通事故死は2138人だったのに対し、家庭内における不慮の事故死は、なんと1万2146人で6倍の差がついた。原因別では、ワースト3は「不慮の溺死及び溺水」が5086人、「不慮の窒息」これは火災時の火傷ではなく有毒ガス（VOC）による窒息死

家庭内における不慮の死亡者数（厚生労働省　人口動態統計　2016年）

No.	事象	死亡者（人）	
		1997年	2016年
1	風呂場での死者、浴槽内での溺死	2891	5491
2	階段ステップ、スリップ転倒での死者	2042	2748
3	煙、火及び火災での死者（ほとんどが石油化学建材による有毒ガス中毒）	1222	1492
4	有害物質による不慮の中毒及び有害物質への曝露	346	406
5	その他の家庭内における不慮の死亡者	2813	4038
合計		10314	14175

〈参考〉住宅以外死者数

6	交通事故死	13981	5278

は３２７４人、「転倒・転落」（階段など）が２３６２人である。当に、住宅産業界の貧困と問題が露呈した。

高齢になると脳や心臓の老化から、急な温度の変化などにより脳溢血、心筋梗塞などの発作が起きて浴槽での溺死にいたることが多い。暖房をつけているリビングと暖房の無い浴室の温度差は通常一〇度以上あり、気温一〇度以下の浴室で裸になると、自律神経の働きで血管が急激に収縮し、血圧は一気に30〜40も上昇する。

場合によっては老化して危うくなった毛細血管が切れ、脳卒中や心筋梗塞の事態になる可能性がある。この温度差によるヒートショックの対策は、断熱性能の高い家づくりが基本であるが、とりあえず脱衣場と風呂場を暖房する応急装置が対策として求められる。

原則	自動車	住宅
構造	車種・形式（シャーシー・ボディ）	木造・鉄骨造・鉄筋コンクリート造
意匠	デザイン（設計）	デザイン（設計）
基本性能	安全性＆〈乗り心地〉 排気量・最高速度・燃費・モード走行・回転半径・制御装置 明確な数値が公開表示されていて、それにもとづいて選択し好みの車を購入する。	安全性＆〈住み心地〉 耐用年数・強度・断熱・調湿（吸湿・放湿）・耐火・耐震・耐水・耐風・防錆・防音・防虫… 明確な表示は無く、あいまいなセールストークを信用してしまう。

一方、高齢者は浴槽に20分以上入っていると体温が40度に達し、熱中症の症状が出て、意識障害を生じるリスクが高まる。高齢者は浴槽で神経系の老化で熱さを感じにくく、長時間浴槽に浸かる傾向にあり、熱中症の初期症状が出ないまま意識障害に陥ることも多いという。予防には湯温41度以下、浴槽に入っている時間は10分以内を目安とするほか、こまめに体温を測ることも有効だという。

・「製品の性能表示」が無い

製造業界で商品の性能表示の無いのは住宅だけでお寒い話である。さらに、あらゆる構造体には「構造・意匠・基本性能」の三原則の表示がある。たとえば小さなネジにもきちんと性能表示がある。

比較事例として自動車には基本性能が表示されているが、この国の住宅産業界の住宅には存在しない。

本塾では「百年住宅で個人経済を豊かにし善き家族制度の復活」運動を掲げている。耐震性能は構造計算に基づき、建築基準法の震度6強～7の1・5倍を確保。耐水はハザードマップに基づき「内水氾濫&外水氾濫の浸水値」に適応している。特に断熱性能に注力し、併せて調湿、耐火、防音、防虫、防錆に成果を実証してきている。

行政の問題点

・「住宅基本法」がない

「衣食足りて礼節を知る」昔からの教えである。実はここに現在の住宅の貧困の原因があったのだと、私は考えて「衣食足りて、住貧を知る」と言ってきた。

安全に、快適に、平和に過ごしたいという、平凡でささやかな願いをかなえられる家が、なぜこの近代的な日本で造られなかったのか。それは、私たちの人生にあって、大切な「住」が忘れられていたのだ。

信じられないことに、先進国家日本に長い間「住宅基本法」が存在しなかった。「住まいの哲学」をうたった法律がなかったのである。「建築基準法があるじゃないの?」と思われるかもしれないが、あれは、建築物の敷地・設備・構造・用途などについての「最低限の基準」を定めたものでしかない。

あらゆる構造体には「構造・意匠・基本性能」の三原則の表示があり、たとえば小さなネジにもきちんと性能表示がある。もちろん自動車には基本性能が表示されているが、この国の住宅産業界の住宅には存在しない。

たとえば、クレーム三悪と言われる「断熱・結露・防音」については基準すらない。故に、建築基準法どおりに建てたからといって、住まいの五重苦がなくなるとは限らない。より必要なものは、守るべき最低限の基準ではなく、家づくりの「哲学」を記した法律なのだ。

そこで、平成17年8月、次期総理大臣と期待されていた、当時の安倍晋三官房長官に、人間主権の「住宅基本法」の早期制定を願って「提言書」を提出した。

内閣官房長官　安倍晋三先生

ご提言　人間主権の「住宅基本法」の早期制定

1・人間主権の「住宅基本法」の制定
2・悪法の建築基準法を廃棄
3・100年住宅で個人経済を豊かにし、良き家族制度を復活させる
4・学校を木造校舎にする

要　旨　（詳細は省略）
衣食足りて「住貧」を知る
日本の住宅は〝五重苦〟
悪法……昭和25年制定の建築基準法の廃棄
「住宅に関する品質確保法（品確法）」のまやかし
建築基準法第28条の過ち
戦後の住宅制度の過ち

現在の社会問題の根源（本質）を知る
問題点……行政・住宅産業界・大学・消費者
対策

以上

果たせるかな、第一次安倍内閣はわずか一年間の短命内閣だったが、二つの法律が制定された。なんと、そのひとつが嬉しいことに平成18年6月に公布・施行された「住生活基本法」である。

しかし内容を見ると、制定当時の政策により基本法とは名ばかりで、「行なわなければならない」との語句が多く、単なる努力義務を謳う「住宅供給法」となってしまっているのが実情であり残念だ。

住宅、家とは何か。家の本質をふまえ、その家づくりの理念・哲学が住宅基本法の基本であるべきだ。

日本には素晴らしい四季がある。しかし、夏の猛暑や冬の厳寒がある。この日本列島に相応しい住宅とは如何なるものなのか。夏涼しく冬暖かい家とはどんな家であり、どのように造れば叶うのか。

家族が健康で子や孫に永年住みつなぎ、家族の笑顔が絶えない住宅とはこんな家だと、提示して欲しい。

現在の住宅の基準性能は、余りにも問題が多くお粗末である。これで良いというのか？ 26年の短命住宅。シックハウスや欠陥住宅等、資産価値のない家がなぜ後を絶たないのか。長寿命の、木材と自然素材で造った安心安全な健康住宅が、当たり前になぜならないのか。世界第3位の森林国でありながら、問題の多い鉄骨造や鉄筋コンクリート造の工業化住宅のプレハブを、なぜ政策優遇してきたのか。

「日本の家」の、あるべき指針を明確に示し、基本理念を哲学にまで昇華する「住宅基本法」を国民は期待している。何より「住宅基本法」が本意なのに「住生活」では概念が違う。連立政権の公明党の政策が反映したのではないかと想像する。

ここは「住宅基本法」として、豊かなこの国の歴史と自然、家族の健康と笑顔があふれる日本の家のあるべき姿の制定を切望する。

・欠陥住宅がなくならない原因は何か

平成22年2月20日、馬淵澄夫国土交通副大臣（後に大臣）に「建築基本法」制定に向けて「提言書」を手渡しした。

馬淵氏に大いに期待したのは建設関係の専門家であり、この国の建設行政のあり方に精通しており、あの耐震強度偽装事件を国会で追及したことでも実証されている。

平成21年の暮れ、馬淵副大臣から現在の基準法を抜本的に見直し、新たに「建築基本法」を制定するとの計画をお聞きしていたのだ。

私たちメンバーは「いい家づくり」に携わる者として、現行の基準法は建築現場で余りにも多くの矛盾点があることに悩んできた。時代錯誤や制度疲労など多くの問題が存在するからだ。何より、なぜシックハウスや短命住宅など欠陥住宅が後を絶たないのか？という大いなる疑問が有る。さらに、断熱、結露、音のクレーム三悪の記述すらない。チェックの基準範囲を広げることも必須である。

現代の商品の多くは合法なのである。お気づきですね!! 建築基準法という最低限の基準（レベル）はクリアーしているのだ。訴訟に発展する多くの欠陥住宅も、消費者である原告が泣きを見るのが現状なのだ。

※前著書『真逆を生きる』（第二章　シックハウス訴訟判決　参照）

このように、多くの基準値が最低限の設定であることが問題であり、もっと上位の基準値（レベル）に設定し、基準の厳格化をすべきなのだ。これが多くの欠陥建築物を排出してきた元凶であると確信している。

馬淵さんの言によれば、今まで検討されてきた「建築基本法」は基準法の足りない部分を埋めるだけの安直な内容だった。

今回は、そうではなくて「建築物、街づくり、都市計画までを含めた上位法」とする「建築基本法」を目論んでいるとお聞きし、大いに勇気づけられた。近い将来、この国の国土計画百年の体系を構築して頂けるものと大いに期待していた。

しかし、あれから10年が経過したが残念ながら手つかずであり、改善の兆しは聞こえてこない。

馬淵澄夫国土交通副大臣（右端）に提言書を渡す筆者と「いい家塾」理事達。（平成22年2月20日）

川柳　「果報待ち　ずっと寝てたが　来なかった」　遊楽
川柳　「偽装され　人生設計　崩れ落ち」　遊楽

・事例1：シックハウス対策法

一例を挙げれば、シックハウス対策として、建築基準法第28条が改正された。平成15年7月1日より建築される居室には機械換気設備として「換気扇の24時間換気が義務化」された。しかし、これは現代の建物が「シックハウス」であると国が認めたことになると私は指摘してきた。以前、シンポジウムで馬淵さんと対談したとき、私の指摘に「行政の不作為」だと認めた。

問題解決の本質は、石油化学製品による揮発性有機化合物（VOC）を発生させないために、これを使用させないことである。

木構造にし、自然素材で施工すれば解決するのに、なぜ換気扇の24時間換気という、対処療法だけで根本問題の解決をしないのか。従来の木造住宅には、シックハウスという病気になる家は存在しなかった。

これは大手ハウスメーカーやマンションデベロッパー、石油化学業界の利益擁護以外のなにものでもない。既得権益を排除し、これからあるべき居住環境の姿を描き、その方向へシフトしてゆく政策が必要である。消費者の自己責任に任せ、消費者自身が「善悪」「良品と悪品」を峻別する以外対策は無いのであろうか。

※寒さ対策として「高気密高断熱」が提唱されているが、VOC排出素材を使用しており、これも「換気扇の24時間換気を義務化」した原因である。

・事例2：型式適合認定制度

大和ハウス工業株式会社は平成31年4月13日、および令和元年6月19日に発表した「建築基準法違反、不適合設計4000棟超、耐火性や基礎構造不適格が露見して、被害者が1万2000世帯に及ぶという大事件を自ら発表した。問題は平成12年から「型式適合認定制度」を活用して、建築手続きを合理化していた。工場で製造する部材などが、事前に国から建築基準をみたしていると認定を受ける制度で、建築確認時の審査が簡略化され、工期を短縮できる制度である。この制度を悪用して、長期にわたり手抜き工事をしていた事件である。大手プレハブメーカーの合理化という名の悪法であるので早期に廃棄してもらいたい。事例のようにプレハブ工業化住宅の優遇制度が他にも多く存在する。

優秀な木構造建築技術が衰退していく

この「型式適合認定制度」の如く住宅に関して、行政が今後もプレハブなどの工業化住宅を優遇・推奨することを継続することは確実だ。そこには、世界で類を見ない大手ハウスメーカーの工業化住宅を正当化・標準化を強化する狙いがうかがえる。現在の工業化偏重の住宅政策は、世界に誇れる日本の伝統ある木構造建築技術を否定し、技術の衰退を助長してきた。

地域で優良な住宅を支えてきた零細な工務店の存続を圧迫し、素晴らしい日本の木構造技術が消滅していく危機である。まさに「悪貨は良貨を駆逐」しているのだ。なにより、住宅はオンリーワンが基本であり、常識であるにもかかわらず、世界で類を見ない画一的な・大量生産・大量販売・早期大量廃棄の企業戦略は傲慢横暴と言わざるを得ない。

これが、大和ハウスをはじめ多くのハウスメーカーの現状と実態である。企業は経営戦略として合理化、効率化という利益追求至上主義が戦後の高度経済成長を支え、世界に冠たる経済大国の地盤を確立した。その反面、環境破壊や生命や健康を損なう多くのひずみを生み出し、社会問題になっているケースが多く存在する。

さらに日本が世界に誇る建築技術をどんどん消失させてきた。担い手の大工就業者数は

1980年93万7000人、内60歳以上が7％であったのが、2010年は39万7000人と激減し、60歳以上が27％も占めている。地方の過疎化の主因は地場産業の衰退だ。このように地域の工務店や大工さん等、優秀な技術職人が活動の場を失う悲しい現実があるのだ。

「住まいは人が主」「柱は木が主」と書く。人も木も、地球上で生息する生き者だから相性が良く「住み心地が良い」のは当然である。

これからは、日本の山の木で、匠の技を生かした木造住宅をみなさんの故郷や都市にもっと建てて、美しい街並みを創出して欲しい。

コンクリートストレスとは何か

平成31年2月12日、池江璃花子選手（18）は、白血病であると自身のツイッターで公表した。池江選手の白血病の公表以後、多くの青少年の白血病の罹患者がマスコミを通じて知らされている。

この「白血病の原因は何か」を考えると、住まいの五重苦にその原因が潜んでいると私は考える。

日本のあちこちに建てられている新築の家は、見た目はとてもきれいだ。しかし、その外観からは想像できない「五重苦」を抱えていることが多い。

家を買って後悔している人の多くが、この五重苦のいずれか、あるいは全部を抱えて悩んでいる。それは「シックハウス・コンクリートストレス・断熱・結露・音」だ。


まずは、我々の健康に大きな問題を与えているコンクリートストレスについて考えてみよう。

コンクリートが人間に及ぼす様々な悪影響をコンクリートストレスという。わかりやすいのが、あの「冷たさ」で「冷輻射」という現象が原因だ。コンクリートは、熱を伝えやすい性質を持っていて、熱伝導率は木の14倍である。熱伝導率とは、同じ条件の固体別に「暑い熱や冷たい熱が伝わる速さと量」をいう。

木を1とするとコンクリートは14倍、鉄は300倍流れる。

冬の寒い日にコンクリートの部屋にじっとしているとまず、背中からゾクゾクっとする。外の寒さがコンクリートを通して室内に伝わり、身体の底から体温を奪っていく。これは「冷輻射」という現象で、これとまったく逆の作用をするのが「遠赤外線」。

「遠赤外線」は身体の芯から温めるもので、活用例は電子レンジがある。これに対し、「冷輻射」は体の芯から冷やす。

冷えというのは、人体に大きなストレスをもたらす。人の平熱は36〜37度くらいだが、体温が下がると免疫機能が低下し、消化不良や血流も悪くなる。

このところ、若い女性の冷え性や、平熱が35度台しかない低温体質の人が増えているが、鉄筋コンクリート（RC）造のマンションやオフィスビルの増加と無関係ではない。

鉄筋コンクリート（RC）住宅の住人は、木造住宅の住人より11年早死にしていたことや、出生率も低かった。これは、RCは体の芯から体熱を奪う「冷輻射」による疾病である。

また、冬季の結露によるカビ・ダニの被害でアトピーや喘息などの健康阻害。小児喘息は大阪府が最悪で30年間で5倍に増え、年間9000人、40人学級で3人が罹患している。（大阪府下で10数年間島根大学調査他）

私は平成20年から5年間、小学校で2時間の特別授業を毎年2月に行ってきた。RC校舎、コンクリート床での底冷えを経験し、その体験からも「木造校舎にする運動」にも繋がった。

鉄筋コンクリート（RC）の宿命として、鉄筋が有害な電磁波を増幅することで、電磁波過敏症や自律神経失調症、ホルモンのバランスを崩して乳癌や子宮癌等になる可能性があるが、この有害性を知らされていない。

また、白血病などは、小児癌の原因だと言われている。小児癌とは、15歳未満から20歳前半の青少年がかかる、白血病や脳腫瘍、骨髄腫、悪性リンパ腫など多くの種類の悪性腫瘍を指す。

わが国では事故を除き子供の死因の1位となっており、年間約2500人の青少年が罹患している。全国では1万6000人以上の青少年が小児癌と戦っているとされる。

この悲しい原因は、RCマンションとRC校舎、高圧送電線と家庭内電化製品や携帯電話などの被害が大きいと私は信じている。

しかしマスコミも一切報道しないのはなぜか？　ドイツやオーストリアの環境先進国では、高圧送電線の直下から250メートル以上離れなければ建築の許可が出ない。我が国は、住宅地や学校や病院の真上に平気で設置されており、まさに日本は環境後進国なのである。

高層ビル（マンション）症候群

また高層ビルの危険性もさまざまなデータからわかってくる。

「人間は高層ビル（マンション）に住んではいけない」

「A」1〜2階（低層）「B」3〜5階（中層）「C」6階以上（高層）と3グループに分けて詳細な健康調査を実施。対象者は幼稚園児から50歳くらいまでの約1600人。「C」の6階以上と「AB」の5階以下ではっきりと次のような違いがでた。

①「妊婦の流産率」Cは24％でABの約4倍。

6階以上のC（上層階）では流産率が24％にはねあがって、AB（低中層階）に比べて約4倍。

②「異常分娩率」Cは27％で木造の約2倍。
「帝王切開」など異常分娩の有無も大きな開きが出た。木造1戸建では異常分娩率は14・9％。マンションの6階以上に住む女性は27％。木造の2倍近い。

（東海大学医学部講師逢坂文夫医師チーム　調査結果より）

③神経症・飲酒率・喫煙率も多い。
心理テストでも、高層階に住む母親ほど神経症的な傾向があらわれた。飲酒率、喫煙率も増えている。

④妊婦のうつ病発生も木造の4倍。
「妊婦関連うつ病」が発生する割合が4倍も高い
（国立精神・神経センターの医師北村俊則氏）

⑤高層階ほど低体温児が多い。
6階以上に住む園児の体温は、下の階に住む子より低い。平熱でも36度下。
（逢坂文夫医師：幼稚園児2千人調査結果）

⑥高血圧・ボケが発生しやすい。
高層階ほど高血圧の割合が高くなった（対象者／40～59歳、女性1500人）また、「ボケが発生しやすい」という。

⑦運動不足、引きこもりになる。高層マンションは、上階ほど外出がおっくうで運動不足になり、人と話す機会も減る。

⑧頭でっかちの子が産まれる。妊婦の運動不足から胎児の出産が遅れ、頭囲が大きくなり異常分娩を引き起こす。

⑨高層になるほどストレス症状が強くなる。小学生を持つ母親の緊張度は、建物が高くなるほどストレス症状がでる。高階は地上の匂いも届かない。身近に自然が無い。生活感が無くなる。専門家は、これらが重なってストレスとなり、〝高層ビル症候群〟が発生するという。

（米コーネル大学）

⑩建物の揺れ、ビル酔いや強風時の激しい騒音の悩みを訴える人が多い。

⑪超高層マンションの生活不可能と地下空間の水没・経験のない高層火災への対処は困難をきわめる。

（「国が公表した南海トラフ地震［M9・1］&首都直下地震［M7・3］の想定被害発表」から）

⑫英国政府は「6階以上の上層階に住まないように」指導している。

大学の問題点

問題の根源は大学にもあった。

①工学部建築学科では、VOC（揮発性有機化合物）石油化学物質の有害性を教えてこなかったので「シックハウス」が蔓延した。そのため、シックハウス症候群や化学物質過敏症で多くの罹患者を生んできた。

②また、鉄筋コンクリートが、体の芯から体熱を奪う「冷輻射」を教えていないので「コンクリートストレス」の被害が深刻である。

③さらに、木造住宅を造らせない教育が今も行われていて、信じられないことに一級建築士で木造住宅の設計ができるのは50人に1人と言われる。卒業後、専門学校で木造を学ぶ多くの学生が実証している。

④森林率世界第3位の森林王国であり蓄積量は2位でありながら、なぜ再生可能資源の木材を使わないのか。コンクリートの打ち放しの家や、高層マンションが蔓延し健康と命を削っている。コンクリートと鉄の崇拝主義が大学に存在することを改めて実感する。

消費者の問題点

消費者も「家を知らない」状態で高額な家を余りにも安直に購買している。そこで、無防備な消費者に本塾の講座で最適な知識と最新の情報を提供して「善品と悪品」を峻別できる賢明な消費者の輩出を実践してきた。

悪品を買わないという消費者の自己防衛のため、次の点に留意してもらいたい。

消費者の注意事項・解決策・改善策

①高額重要商品である住宅をあまりにも安直に購買している。その結果「こんなはずではなかった」という不満や後悔する人が多い。「良品と悪品」を峻別する「賢明な消費者」になることが必要である（たとえば、表面の見た目や、坪単価にこだわり欠陥住宅を買う「安物買いの銭ほかし」のケースが多い。EX：ローコストハウス　建売住宅　プレハブ住宅 etc.）。

②消費者の「知らなかった」という、無防備に警鐘。よく勉強して自衛しなければ、誰も護ってくれない。家族子孫の生活、健康や未来を損ねる「欺宅」を「買わない建てない」という自覚を持つことが重要。

③直接業者と対峙する時は、比較判断できる情報、知識をベースにした「いい家とはこんな家です」「こんな家が欲しい」と明確に主張できることと、多くの選択肢を持っていれば安心。

④車を買う感覚で、展示場のモデルハウスと豪華なカタログやセールストークだけで決断しないことが賢明だ。モデルハウスやカタログに、オプショントリックと言われる落とし穴があり、追加費が多くかかる。

また、大手ハウスメーカーの社員や役員は自社の住宅は買わないのはなぜか。業界では、住宅産業とは「クレーム産業」と言われているのだ。

⑤平均耐用年数は大手ハウスメーカーのプレハブ住宅は平均寿命が30年前後と言われている「短命住宅」。建売住宅はそれ以下。

※『平成八年建設白書から』（5年間の解体家屋の耐用年数調査から算出）

この間に何回も補修が必要であり、ローンが終わる前に建て替えなければいけない悲劇が多くある。また、転売する時査定はゼロで資産価値はない。逆に解体費が必要。

見直すべきは大量生産・大量消費・早期大量廃棄社会の愚

スーパーに並ぶ野菜はみな、姿・形が見事にそろっていて不思議な話だ。考えてみれば個体差があって当然なのに工業製品のようだ。たとえばホウレン草は、かつては根元が赤く、味も香りも濃くちょっとしたエグ味もあった。それが今は、食べやすいけれど無個性でポパイもパワーが出ないだろう。

このように現在流通している野菜の多くは異なる性質の種を人工的に掛け合わせたＦ１種（一代雑種）だ。これに対し何世代も自家採取を繰り返し、その土地に適応するよう遺伝的に安定した品種を固定種という。固定種は生育にばらつきがあり間引きしながら収穫するのに対しF1はほぼ均一に収穫できる。

しかしF1の多くは子孫が作れない。私達は子供を作れない野菜を食べているのだ。目先の効率に目を奪われ、いつしか重大な落とし物をしてきたのではないか。見直すべきは「大量生産・大量消費」でしか成り立たない社会のあり方そのものではあるまいか。

筆者は、「住」に関して同種の意見を長年訴えてきた。たとえば、ローンが終わる前に建て替えなければならない短命住宅や、欠陥住宅など資産価値のない家も多い。住まいの五重苦は、シックハウス・コンクリートストレス・断熱・結露・音の問題で、これらは健康を害し疾病を生み、社会問題に発展し訴訟問題も多く発生している。

大手ハウスメーカーの工業化住宅（プレハブ）は、新築し15年後にリフォームし、30年未満で建替えるというシナリオで運営していると、大手企業S社の社長が戦略として語っている。住宅はオンリーワンが基本であることが常識だが、画一的で「大量生産・大量販売・早期大量廃棄」の戦略は世界に例がない。

国土交通省の工業化偏重の住宅政策は、世界に誇る日本の木構造建築を否定し衰退を助長してきた。零細な工務店の存続を圧迫し、伝統ある木構造技術が消滅していく危機だ。

その結果、地域の工務店や優秀な技術職人が活動の場を失い、地方の過疎化の主因となる「地場産業の衰退」という悲しい現実をもたらしている。

第5章
子供たちのための「住まい」の特別授業　前編

◉特別授業　序章

大阪市立小学校に経済産業省主催で「エネルギー環境教育実践モデル校」になった新東三国小学校がある。

私は平成20年から5年間、特別授業を2時間毎年担当した。5年生になると社会科で「自然と環境」がカリキュラムに加わる。外部からの招聘に、講師としてお声がかかったのは嬉しかった。内容等はすべて一任された。子供大好きの私は十分な準備をして、充実した時間を過ごした。

これから紹介するのは、新東三国小学校が環境教育実践校になった経緯と内容です。当時「新東三国小学校は「環境行動計画」を作成して環境教育を熱心に進めていた。ちょうど、経済産業省主催で「エネルギー環境教育実践モデル校」の公募があった。特別授業の講師招聘などの支援が受けられるので応募したところ指定されたという。

担当は原田誉一《よいち》教諭。先生に期待した理由は何か？　と聞いた。

「釜中さんが制作された映画『木霊』（こだま）を鑑賞し、感銘を受けました」

平成15年9月25日、私が脚本を書いて制作した「木霊」のリバイバル上映会を、読売新聞の落合雅治記者が開催してくれたのだが、ここに参加して観てくれていたのだった。

「木造家屋の素晴らしさをはじめ、木材そのものの良さを改めて知ることができました。森林のエネルギーや、森と海の関係や自然界の連鎖など、子どもたちにもぜひ『木霊』を観せてやりたい。そして『木霊』を制作された釜中さんの木に懸ける情熱を子どもたちに伝えてやりたいと思ったからです」と言われた。この嬉しい期待に必ずお応えすると誓ったのを覚えている。

さらに、嬉しいことがまだあった。この上映会から「いい家塾」が誕生したのです。

上映後、私は30年前の制作当時より現在のほうが、家を買って「こんなはずではなかった」と後悔する人がさらに多くなっている」と訴えた。「釜中さん、どうしたらよいのか？」と、手が挙がり質問された。「原因は消費者が家のことをあまりにも知らないことと、高額な商品を安直に購買している。これが原因と結果です。良品と悪品を峻別できるように、知識や情報を伝える場を機会提供したい」と答えた。

拍手が起こり、1級建築士や工務店の大工棟梁や自然素材の家具屋さんなどの賛同者数名と「いい家塾」はこの場からNPO組織としてスタートした。

家づくりは奥が深い一大事業です。子から孫へ、子々孫々に、絆と命をつなぐ大切な事業である。どうか嬉しいはずの慶事を「こんなはずではなかった」と、後悔しないように、いい家づくりを実現してほしい。

そんな悲劇をなくすために、賢明な消費者の輩出を目的に平成15年「いい家塾」を創立し、大車輪で準備作業を行い、翌年5月創立シンポジウムを開催、翌月記念すべき第1期生を迎えて講座を開設し現在に至っています。
※令和元年第21期生で750名が卒業した。

では、平成20年1月29日の特別授業を誌面で再現します。

5年生全員で、1組と2組の合同で60人ぐらいであり、授業の2コマを担当した。

私の授業の直前には、原田先生が事前に特別授業を行って補完し説明してくださった。「いい家塾」を紹介したTV番組「関西トピックス」や、静岡大学農学部の木・鉄・コンクリート箱で、子マウスの生育実験をした映画「生命を育む」、さらに続いて映画「木霊」を上映し、本番前から子供たちの興味や意識を高めてくださった。

・クイズ　4問
今日の特別授業は「森林のエネルギー」がテーマです。エネルギーとは力や働きの勉強ですね。まず、みなさんの好きなクイズをします！　木と鉄とコンクリートについて4問です。答えを3つの中から選んで○印を入れて下さい。

質問	鉄	コンクリート	木
Q１　一番熱に強いのはどれか			
Q２　一番腐《くさ》りにくいのはどれか			
Q３　一番耐久力《たいきゅうりょく》があるのはどれか			
Q４　赤ちゃんが裸《はだか》でも安全な床《ゆか》はどれか			

マウスの住環境別の生存率

静岡大学農学《のうがく》部が、３種類の環境《かんきょう》の違いによる、子マウスの飼育実験《しいくじっけん》を行った。木に囲まれているとなんとなく心地よい。では、その心地よさと寿命《じゅみょう》は関係があるのか？　それを調べた実験記録であり、本塾《ほんじゅく》の講座で教材として活用している。

同じ環境にセットした木製、コンクリート製、金属《きんぞく》製の各3個ずつの箱（ケージ）に、それぞれ生まれたばかりの子マウスを入れ、体重の増減《ぞうげん》と23日後の生存率《せいぞんりつ》を調べたもので、驚《おどろ》きの結果になった。

コンクリート製のマウスは、かわいそうだが10日たった時点でほとんど死んだ。23日後の生存率で比較すると、木製ゲージが85・1%、金属製ゲージが41・0%、コンクリート製はわずか6・9%と大きな差が出た。体重増加率も木製ゲージのマウスが一番増加していた。また、臓器《ぞうき》や生殖器《せいしょくき》も木製ゲージが発達《はったつ》していた。鉄やコンクリート箱の子マウスは暴れたり、落ち着きがなかった。 みんなが一番ショックだったのは、コンクリートゲージで母マウスが子マウスを食い殺すことだった。最近母親の我が子への虐待《ぎゃくたい》事件が頻発《ひんぱつ》するが、鉄筋コンクリート住宅が大きな原因だと思う。この結果を見ても、やはり木に囲まれている環境は生き物にとって生きやすいのだろう。鑑賞《かんしょう》後、全員が結果に驚き、住環境の大切さを再確認した。

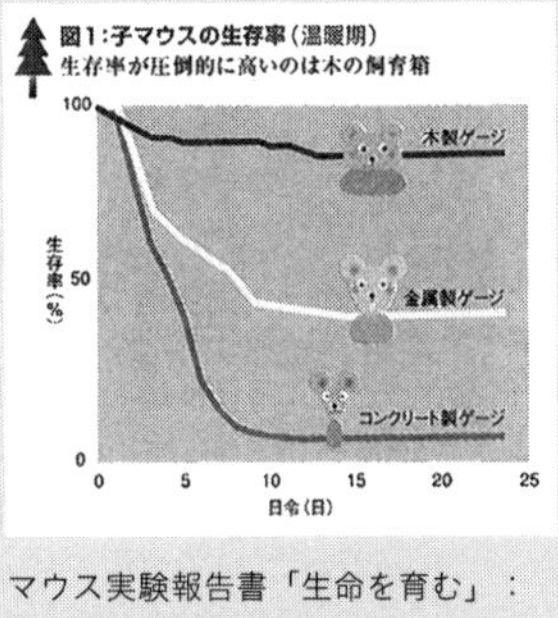

マウス実験報告書「生命を育む」：
静岡県木材共同組合会　1988より

◉特別授業　一時間目

こんにちは。今日みなさんに会えるのを大変楽しみにしてきました。昨日なんかワクワクして、まるで遠足の前の日を思い出していました。ぜひみなさんも楽しんでほしい。今日はどんな話が聞けるのか楽しみですね。

メインテーマは「豊かな森林のエネルギー」〜自然界の恵みに感謝・地球温暖《おんだん》化防止に向けて森林の働き〜。

サブテーマは4つです。

（1）「森が死ねば海が死ぬ」〜自然界の恩恵《おんけい》と連鎖《れんさ》を考えてみよう〜

（2）「子供は遊びの天才」〜遊びのすすめ〜

（3）「読み・書き・話す」〜国語のすすめ〜

（4）「約束」①目的・目標探し　②英雄《えいゆう》になろう（いじめを考える）③健康第一

改めまして「釜中明《かまなかあきら》」です。「いい家塾《じゅく》」の塾長をしています。

みなさんとちょうど50歳違う。今日は50年前の自分に会いに来ました。だから50年後は、みなさんは僕みたいになるよ。みんなを見ていると小学生の頃を思い出します。小学生の時のことが一番懐《なつ》かしいし、よく覚えている。先生の名前から同級生の名前もフルネームで覚えているよ」

文字遊び　名前遊び

ではまず文字遊びから始めましょう。それじゃ、名前遊びです。

「明」君はいますか？　私の子供の頃、明という人がクラスに何人かいたので嫌いでした。お母さんになんで明とつけたのか聞いたら「歌手の松平明さんを、お父さんが好きだったから」と聞いてがっくりでした。

でも、今は大変気にいっています。「明」という字はどんな意味があるのか調べました。物のかたちが文字になった象形《しょうけい》文字は習いましたか？　漢字は象形文字といって形を表しているので意味が解る。お日さまとお月さまの働きで明るいという字ができたのでしょうね。暗いと何も見えないので、ケガをしたりとても不安です。

お釈迦《しゃか》さまは、明かりとは智慧《ちえ》の意味であり「無明《むみょう》」といって明かりの無いことを悲しまれました。暗いと危険な状況になって行きづまる。これは、知恵がないたとえであるという。それを知ってから「明」を気に入っています。みなさんも、自分の名前から何を連想《れんそう》しますか？

お父さんやお母さんが、どんな夢や期待を願って命名してくれたのか考えてみよう。

では、「明」という字から応用問題です。日と月と十と十でどんな字ができますか？「朝です」と答えが出た。正解です。「朝」という字はみんな知っているね？朝は夜が明けて明るくなり、新しい1日の始まりです。大事な1日の始まりの朝だよ。君たちも朝を迎えたら、昨日を反省し新しい今日という一日を、元気で明るく過ごしましょうね。

朝という字は十と日と十と月でできています。これは十月十日（とつきとおか）という言葉があります。これは新しい生命、赤ちゃんが誕生するという意味です。おめでたい人生の始まりですね。君たちもお母さんのお腹の中で十月十日で人になって、オギャ～といって生まれてきたんだよ。動物ではなく人として生まれてきたんだよ。感謝だね。朝は1日の始まりで、十月十日は人生の始まりですね。

文字遊び面白いですか？

私の趣味に川柳《せんりゅう》があります。「かわやなぎ」と書きます。川柳を知っていますか？五七五の17音字で世界一短い文芸に「俳句《はいく》」と「川柳」があります。違いはわかりますか？俳句は季節を詠《よ》み、川柳は人を詠む。あまり決まりごとがなく自由な川柳のほうが私は好きです。いつも指折り数えて、ニコッと笑いながら楽しんでいます。小学生の川柳は素直《すなお》な句が多くすばらしいです。君たちも挑戦《ちょうせん》してくださいね。

そこで、私にもうひとつの名前があります。柳号《りゅうごう》といって川柳を詠むときに使う名前で「遊《ゆう》楽《らく》」とつけました。この漢字は習いましたか。「遊」は遊び心です。「楽」は物事を楽しむ心です。

遊び惚《ほう》けて、サボッたり、ズルをすることではないよ。誤解《ごかい》しないようにね！　たとえば、車のハンドルやブレーキに遊びがあるから安全に運転《うんてん》できるんだよ。

これは井原西鶴《いはらさいかく》が提案した言葉です。西鶴は江戸時代に難波《なにわ》（大阪）で生まれた文豪《ぶんごう》でした。「遊楽」とはとても大きくて、大切な心構えを説いている。ゆったりとした遊び心で物事を楽しむこと。ピンチや悲しい時でも「決して負けないゾ」という強い気持ちです。ゆったりとした気持ちで何事も乗り越えていく。君たちも負けそうになった時、弱い自分に、決して負けないぞ、という強い気持ちに切り換《か》えることが大事だよ。弱い自分に打ち勝つ強さが「遊楽」の意味です。自分に負けるのは自分の弱い心が原因です。

これは君を強くするためにくれたチャンスなのです。ピンチをチャンスに変えるのは君自身の心です。

「逆転《ぎゃくてん》の発想《はっそう》」です。君を助けるのは、プラス思考に切り替えて、強くなった君自身です。自分で自分を助けるのです。

これは、私からの今日一番のプレゼントです。「ネバーギブアップ」決して負けないゾ！という強い心です。山よりでっかい猪《いのしし》は出ないからネ。「勉強が面白くない、学校が面白くない」

と思った時はないですか？

「学校が面白くない」と思うか「きっと良いことがあるから、何でも楽しんでやろう」と思うか。さて、どちらが楽しくなりますか？　そこで1句

「おもしろい　事もなき世を　おもしろく」《高杉晋作》

お釈迦さんの教え

先ほどお釈迦さんの「無明」は悲しいという話をしましたね。もう少しお釈迦さんの教えで大切な約束があります。「善因善果《ぜんいんぜんか》・悪因悪果《あくいんあっか》」この意味は、「良い種をまけば良い結果になる。反対に、悪い種をまけば苦しい結果になる」そのために良い種と、悪い種を見分けられる知恵を教えてくれる。

「因《いん》＋縁《えん》＝果《か》」原因となる種が土にまかれて、水や光の縁の助けを得て、花が咲き果実が実る。私は今日、すばらしい善《よ》きご縁で君たちに会えたのです。世の中の出来事は、この法則以外ないので「真理」といわれているよ。

「まかぬ種は生えぬ」とよくいうよね！　原因があって結果です。100点取れたのはなぜかな？　遅刻したのはなぜかな？　さあ、みんなはどちらの種をまきたいのか？　願わない苦し

みの、悪い種をまかないようにしましょうネ。

遊びのすすめ

次は「子供は遊びの天才」です。そこで遊びのすすめです。なんでも上手に利用して、自分の好きなように遊んでいる。君たちが持っている「創意工夫《そういくふう》」という力が遊びから身についてくるんだよ。

君たちを見ていると「子供は遊びの天才」だとつくづく思う。そこで「遊びのはかせ(博士)」になって欲しいのです。私の子供の頃は、一枚の紙・棒・糸・空き缶・石ころ等々、身近にあるものを使って上手に遊びを考えた。もっと面白くならないかと試したり考えた。昨日より今日、今日よりも明日、もっと面白く遊べないかと、考えて工夫した。男子はベッタン(めんこ)・ビー玉・釘《くぎ》立て・缶詰《かんづめ》の空き缶で紐《ひも》を通してぽっくりにして鬼ごっこや、缶蹴《け》り・独楽《こま》まわし・雑魚《ざこ》獲り等々。女子はオジャミ・ほおずき・おはじき・あやとり・着せ替え…etc 「そうそう、秘密《ひみつ》の基地《きち》もつくったよ」

君たち子供はいつも遊んでいる時、楽しくて目は生き生きと輝いている。それは遊びから、「想像《そうぞう》」という考える知恵と、「創造《そうぞう》」という、つくる力がどんどん湧《わ》き上がってくるからです。「創意工夫」といって工夫したり挑戦したり、好きなことなので続けていく力も芽生《めば》える。だから子供は遊びの天才なのです。

だから大いに遊んで遊びのはかせ（博士）になってほしいのです。私の二つ目の名前「遊楽」の心です。

音楽という字は、音を楽しむと書きますね。音楽が好きな子は、音を楽しんでいるのです。だから益々上達するのです。スポーツの語源も、楽しむという意味です。

「善遊善学」「ぜんゆうぜんがく」と読むよ。私はこの言葉をよく言ってきました。よい遊びは良い勉強になるのです。

読み・書き・話す

三角形からどんな文字を連想しますか？　ではヒントです。縦棒《たてぼう》のIをつけるとどうですか？

「みんな一斉《いっせい》に「木」と答える」そうですね。では算数も参加して文字遊びだよ！

木×2＝？　「林」正解です。では、
木×3＝？　「森」いいぞ！

木×4＝？　お、「ジャングル」という答えが聞こえますね。漢字ではないのでブ～。

でも「座布団《ざぶとん》2枚」です！

森×2＝？「山」なるほどモリモリで山を連想したね。面白い！　でもブ～。

木＋立＋見＝どんな字ができる？　「親《おや》」です。ピンポ～ン。

お見事《みごと》！　座布団3枚です。その成り立ちと意味は？

揺れ動く木のてっぺんに立って、ハラハラドキドキしながら子供を見ているのが、君たちの両親なんだよ。「心配をかけないようにしましょうね」

ここまでは、小学生の授業でしたが、参考に大人の問題です。

木×6＝　森森で「エン」と読む。

木×8＝　林林林林で「サツ」と読む。しかし、いずれも意味は不明です。


昔から教育の基本は「読み・書き・算盤《ソロバン》」と言われてきました。計算も大事ですが、「話す」こともとても大事だと思います。だから「読み・書き・話す」と覚えてください。考えや意見を、きちんと自分の言葉ではっきり話すことが大切です。外国の人から「日本人は自分の意見を言わずに、笑っているだけで何を考えているのかわからないので気持ち悪い」といって、評判《ひょうばん》が悪いのです。みなさんは話すことを好きになって自分の考えをたくさん発表してくださいね。

クイズの解答

今日は「森林のエネルギー」がテーマです。エネルギーとは力や働きの勉強ですね。みなさんの好きなクイズを最初（Ｐ１６７）にしました。木と鉄とコンクリートについての４問でした。

では、答え合わせをします。正解は全部「木」です。できた人は手を挙げてください。

ほとんどのみんなＱ１～Ｑ３は鉄かコンクリートと答えて、Ｑ４だけは木と答えてくれた。

これらは家をつくる時に役立つから覚えておいて下さいね！

参考《さんこう》　熱伝導率《ねつでんどうりつ》

個体《こたい》別に同じ条件《じょうけん》で熱い熱・冷たい熱が伝わる量と速さを熱伝導率といいます。木を1とするとコンクリートは14倍・鉄は３００倍多く流れるのです。だから少ない木のほうが熱に強いのです。

・公園に鉄とコンクリートと木のベンチがありました。真夏の暑い午後と真冬の寒い夜、どのベンチに座《すわ》りますか？

・木造の法隆《ほうりゅう》寺や薬師《やくし》寺の東塔は1３００年経過《けいか》しました。

鉛筆の正しい持ち方

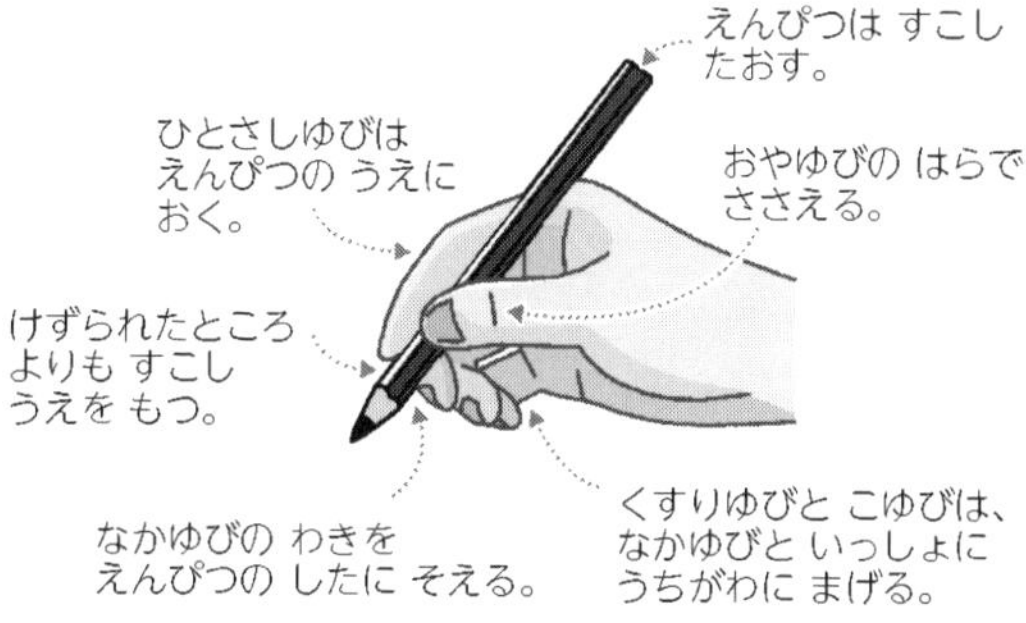
えんぴつは すこし
たおす。
ひとさしゆびは
えんぴつの うえに
おく。
おやゆびの はらで
ささえる。
けずられたところ
よりも すこし
うえを もつ。
くすりゆびと こゆびは、
なかゆびと いっしょに
うちがわに まげる。
なかゆびの わきを
えんぴつの したに そえる。

※参考　第1章　木と鉄とコンクリートの強度比較

お箸と鉛筆の持ち方

終わりは実技にしましょう。みなさん、「きれいな字を書きたいと思う人は手を挙げてください」。きれいな字は正しい鉛《えん》筆《ぴつ》の持ち方で決まります。みなさん鉛筆を握《にぎ》って見せてください。

ワァ〜変な持ち方の人がいますよ！（笑）

川柳の仲間に笑福亭鶴瓶《しょうふくていつるべ》さんがいますが、鶴瓶さんはＴＶの「家族に乾杯《かんぱい》」で食事の場面がよくあります。自分でも認めていますが、お箸《はし》の持ち方が大変下手くそです。「けったいな持ち方で大変恥《は》ずかしい」と、自分で言ってるが直りませんね。

変なお箸の持ち方の人はけっこう多いのです。ファミリーレストランで、お母さんとちょうど君たちぐらいの兄妹の食べ方がとても変だったのです。お母さんは足を組んで背中を丸めて前かがみでした。子供はスプーンを持つようなにぎりバシで、妹はぎこちない変な持ち方でした。

外国では食事のマナーや姿勢《しせい》がその人の評価《ひょうか》になったりしますヨ。

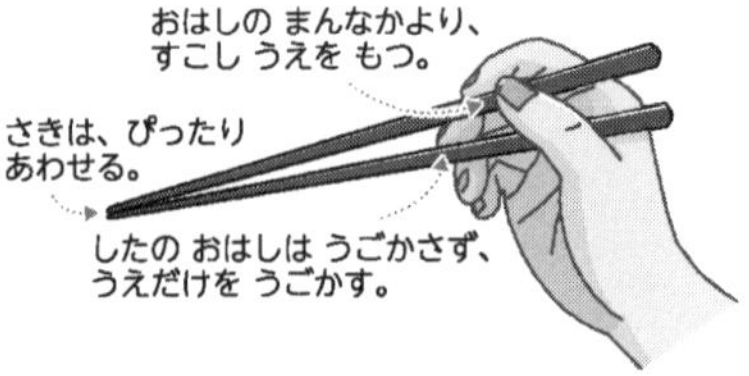

おはしの まんなかより、すこし うえを もつ。
さきは、ぴったり あわせる。
したの おはしは うごかさず、うえだけを うごかす。

お箸の正しい持ち方

こんな持ち方してない？

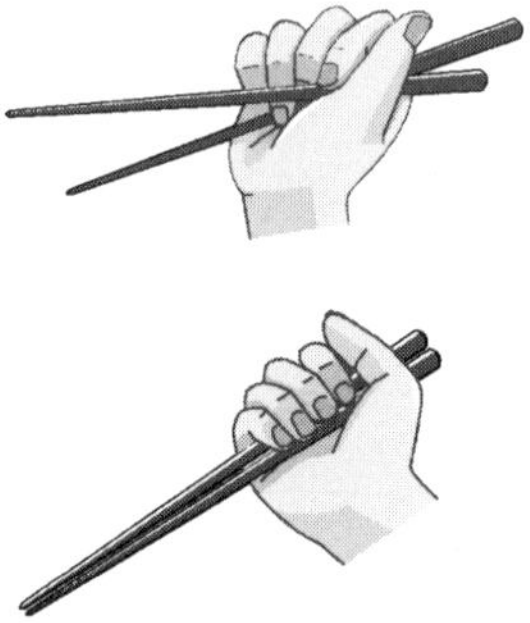

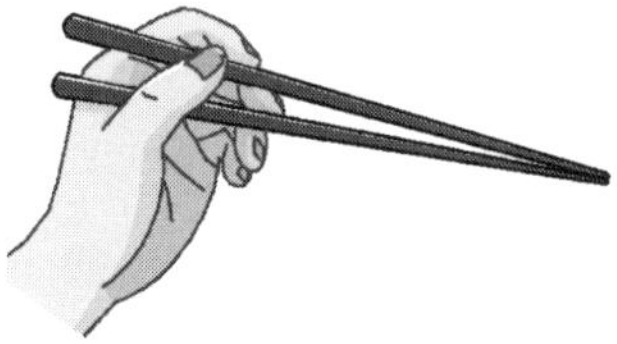

左ききの場合の正しい持ち方

では、鉛筆とお箸の持ち方を勉強します。割りばしではなく、先の細いお箸を持ったら、まず、先を合わせてカチカチと鳴らしてください。鳴らないね！　きちんと先が揃《そろ》ってないのと持ち方が悪《わる》いからです。「では次の絵を見て、お箸を持って玄米《げんまい》を一粒《つぶ》つかんでください」

給食のときには試《ため》してくださいネ。ポイントはお箸を正しく持つことですよ！

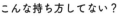

間伐材の活用

間伐材《かんばつざい》とは、植林《しょくりん》した苗木が大きくなっていく過程で、密集《みっしゅう》を避《さ》け他の樹を大きく育てるために間引きした樹のことです。間伐材を使うことが森を護《まも》ることにつながる。しかし、間伐材は安いから採算《さいさん》が取れないので山に放置《ほうち》されたままだ。多くの森林で手入れがされないまま放置されている。

そこで間伐材の活用のお勧めです。割り箸を始め、三角木馬《さんかくもくば》など遊具などのお勧めや、家具や木工工作等にたくさん活用してほしい。木のストローも開発《かいはつ》されたよ。

◉特別授業　二時間目

「キゾクです」

「私は元キゾクです」と、自己紹介などでいうとみなさんに、えっ！　と、驚かれます。「貴《き》族《ぞく》」と勘違《かんちが》いされるのが面白くて、いつも使っています。

「貴族」ではなく「木族」です。もともと「材木屋」なんです。

私は昭和16年（1941年）、奈良県桜井町の製材所《せいざいじょ》で生まれ、製材機の音を子守唄代わりに育ちました。

桜井は吉野林業の集散地《しゅうさんち》で、多くの吉野スギやヒノキの原木《げんぼく》が多く集まっていた。製材所も数多くあり、吉野桜井のブランドで良質《りょうしつ》な製材品を各地に出荷していた。「門前《もんぜん》の小僧習《こぞうなわ》わぬ経《きょう》を読《よ》む」というが、子供ながらに製材の音でスギとヒノキの区別がついたものです。

時代は移り国産《こくさん》材が少なくなり、特に吉野材の出材は細る一方だったので危機《きき》感を抱いていました。そして、これからは、輸入木材の時代がくると確信するようになっていたのです。

昭和39年23歳の時、大阪市住之江区平林で北米材と南洋材の原木販売業を創業した。当時、故郷《こきょう》の吉野林業は出材が細り、輸入《ゆにゅう》木材に依存《いぞん》する大きな潮流《ちょうりゅう》の変化を肌で感じていたのです。

社会人になって初めてのビジネスです。無我夢中《むがむちゅう》、若さに任せて全力投球でした。顧客《こきゃく》の評価もあり、順風満帆《じゅんぷうまんぱん》の怖いもの知らずといった状況でした。さらに、日々取り扱っている原木を自分の目で検分《けんぶん》し、自分の力で開発し輸入したいという、とてつもない夢を描くようになっていた。私の「坂の上の雲」です。

その理由のひとつは、商社マンは木材に関して素人であり、目利きができないのです。当時、外貨保有量は少なく1ドル360円でした。貴重《きちょう》なドルを使うのだから、価値のある木材を輸入したい。その希《ねが》いが、真っ赤な炎のように燃えるようになっていったのを覚えています。

この当時から、一種の使命感と正義感に燃えるところがあったようです。

昭和45年29歳の時、星雲の夢を抱いて、たった一人で赤道《せきどう》直下のボルネオ島に渡った。何の計画も知人もなくとにかく、現地にこの身を置きたいという情熱で飛び立ったのです。

「坂の上の雲」司馬遼太郎《しばりょうたろう》

のぼっていく坂の上の

青い天にもし

一朶《いちだ》の

白い雲がかがやいている

とすれば
それのみをみつめて
坂をのぼってゆくであろう

チャレンジ――赤道直下のボルネオ島へ

さあ～今度は世界旅行だよ！

この世界地図は3つの熱帯《ねったい》雨林《うりん》を示しています。北回帰線《かいきせん》と南回帰線の中間を緯度《いど》をゼロ度といい、赤道と呼んでいる。地球の真ん中をグルっと線を引いた地帯と思ってください。赤道だからといって赤い道が通っているわけではないよ！（笑）赤道を中心に世界に3つの熱帯雨林があります。南米のアマゾン川流域、アフリカとボルネオ島がある東南アジアです。では、赤道が通っているボルネオに案内します。

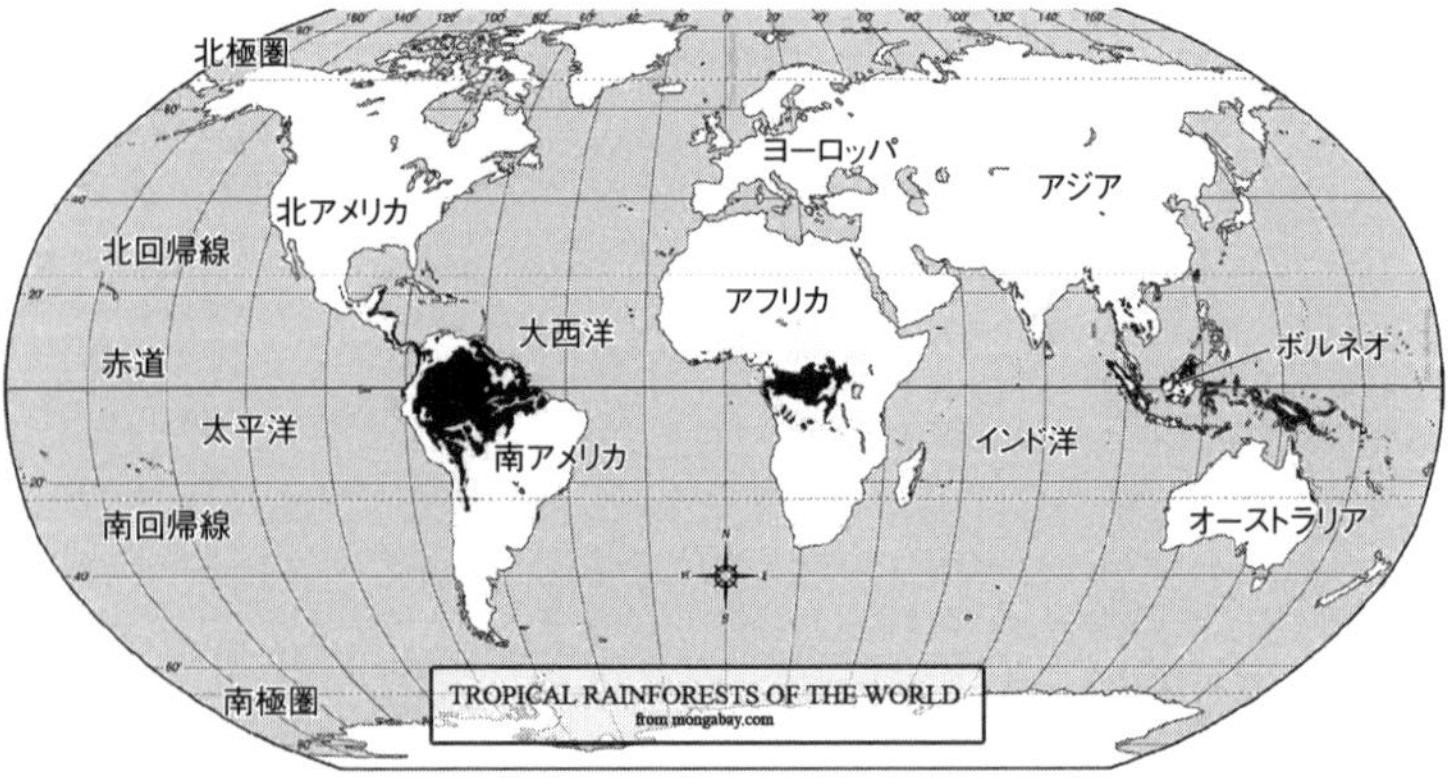

3つの熱帯雨林とボルネオ

出典：mongabay.comの地図を元に作成

ボルネオ島は、真ん中を赤道が走っている。マレーシア国のサバ州とサラワク州、その間にブルネイ王国がある。もうひとつインドネシア国のカリマンタン州もある。3か国がある赤道直下の大きな島である。ブルネイは石油と天然ガスの産出でとても豊かな国だ。学校も病院も無料でした。その権益《けんえき》はイギリスのシェル石油が握《にぎ》っていた。当時の首相は広島で被爆《ひばく》体験をされた方だった。

当時日本から飛行機の直行便がなかった。香港《ほんこん》からマレーシア、サバ州の州都《しゅうと》コタキナバルへキャセイパシフィック航空《こうくう》で行く。

そこでハプニングがあったのです。香港からコタキナバルへの機中、隣《となり》のおじさんが、北京《ぺきん》語で話しかけてきました。僕を中国人と思ったようだ。

よく解らなかったが「ウォ　シー　リーベン」（私は日本人ですよ）」と返した。

あっ、失礼しました。といって名刺を出してきた。

日本空手協会副会長とあった。後ろの座席の6人は、日本空手界のトップ選手達で、チャンピオンもいるという。

有名な映画、ショーンコネリー主演の「007」に出演したそうで、女性も1名いた。

これから、国際親善《こくさいしんぜん》を兼《か》ねて模範演技《もはんえんぎ》と指導《しどう》の旅だという。因みに協会の会長は、歴代自民党の幹事長が務めていて、その時は田中角栄《かくえい》さんだと聞いた。

空港に着いたら大きな横断幕《おうだんまく》があり大変な歓迎《かんげい》でVIP扱いだ。なんと臨時《りんじ》の通訳《つうやく》を成り行きで仰《おお》せつかっていた。テレビニュースと新聞に、大きく報道《ほうどう》されていて僕も高段《こうだん》者の一員になっていたのには苦笑した。

演技会場を2日間、通訳として同行させられた。多くの観客《かんきゃく》が模範演技に歓声や拍手を送り熱心に観戦していた。柔道と空手という日本の武道に高い興味があるようだった。

その夜、日本領事館主催《りょうじかんしゅさい》のレセプションがあり僕も出席した。マレーシアの農林大臣をその時紹介された。

これがのちほど役立つのであった。

夢にまで見た熱帯雨林

私はサバ州のサンダカンとタワウを拠点にした。元首狩《か》り族である原住民で、イバン族の酋長《しゅうちょう》以下の多くの家族とロングハウスで生活を共にした。

夢にまで見た待望の熱帯雨林。鬱蒼《うっそう》としたジャングルに初めて一歩踏み入れた。

「来たぞ～」両手を挙げて叫んでいた。ワクワクドキドキしていた。心臓が高鳴っている。自分の鼓動《こどう》が聞こえてきた。こんなに感動したのは初めてだった。喜びと興奮《こうふん》で我を忘れてどんどん奥地に踏み込んで行った。

疲れと汗で体がべとつくのでひと休みした時、事件が起こった。上着を脱いだら真っ赤な血に染《そ》まっている。ズボンを脱《ぬ》いだら同じく、全身が真っ赤な血に染まっている。「ギャ～、ワ～」

仰天して叫んでいた。

血をいっぱい吸って、真っ黒な親指大の山ヒルが十数匹も体内に潜《もぐ》り込んでいた。「吸血ヒルだった」まるで悪魔《あくま》の回し者かと思った。真っ青になり気絶《きぜつ》寸前だった。案内の原住民が、大笑いしている。そして煙草《たばこ》の火で一匹ずつ引きはがしてくれた。その夜から40度の高熱で1週間寝込んでしまった。

山ヒルは樹木の枝から急降下して上体に潜り込む。歩いている時枯葉《かれは》を踏んだ瞬間《しゅんかん》、瞬時にズボンの中に飛び込む。上下から攻めてくる、まるで忍者《にんじゃ》のような油断のならない奴だ。見えない小悪魔のような山ヒルから、ジャングルを甘く見るなと洗礼《せんれい》を受けた。

原住民のイバン族と寝食《しんしょく》を共にして原始的な生活もした。高床式のロングハウスと呼ばれる長屋に一族が共同生活をしている。正面の入り口に不気味なものが目に飛び込んできた。数個のシャレコーベが吊《つ》るされている。元首狩り族の家だった。この頭骸骨《ずがいこつ》は、部族間の戦勝《せんしょう》の証で多いほど上位だという。ぞっとして足がすくんで立ち止まった。

「大丈夫だよ。」と酋長は笑いながらいった。現在は首狩りをしないと酋長から聞いて、一応枕を高くしたのだが……。

一番困ったのは水だった。水道も電気もない。もちろんテレビも新聞もない。活字に飢《う》えることにも気づいた。飲水には泣かされた。毎日降るスコールを屋根からドラム缶に貯めているのを飲む。ドラム缶を覗《のぞ》いても顔は映らない。水面の枯葉やゴミをまず取り除かなければいけないのだ。

次に小さくて黒い糸くずのようなものが現れる。なんだか飛び跳《は》ねるようにダンスをしている。丸くなったり真っ直ぐになったり忙しい動きだ。目を凝《こ》らしてよく見るとボーフラだ。これを沈めないといけない。ドラム缶の横腹を棒でコンコンと叩く。驚いて底のほうへ消えてくれる。ようやく両手ですくって飲むのだ。これもまた「いのちの水」だと知らされた。下痢《げり》でずいぶん泣かされた。正露丸《せいろがん》が必需品《ひつじゅひん》でお世話になった。

もちろん食事も苦労した。チキンラーメンのストックがなくなるとピンチが訪れる。蛇《へび》やワニの肉やサルの脳みそなど、得体の知れないものも食べた。正体はいつも食後に知るのだった。

現地の言葉で面白いのがあった。

「ご飯はナシ・魚はイカン・団子はクエン」これでは、何を食べたらいいの！（笑）

唯一の楽しみは、ウイスキーを飲みながら、満点の星空と会話することだった。

あれが北斗七星だと素人《しろうと》にもすぐわかった。日本で見るより2倍はありそうな大きな星たちだ。手を伸ばせば届きそうな星が今にも降ってきそうだった。ときどき流れ星が落ちてきた。

僕はなぜ、ボルネオの熱帯雨林のジャングルに来たのだろう。と、ふと思った。

「父が戦争で戦っていたビルマ（現ミャンマー）は西方にある。インパール作戦で連合国軍と戦った父。ボルネオと同じ熱帯林のジャングルは同じ環境だね」と、そこで戦死した父に語り掛けていた。「僕も今戦っているよ。同じような過酷《かこく》な環境の中で」

こんな無言の会話を南十字星に向って親父と楽しんだ。

ある日、セスナ機でジャングルの林相（樹木の種類や密度）をサーベイ（調査）していたときだ。水平飛行に入ったら機長が「トアン（ミスター）プリーズ」と云って操縦桿《そうじゅうかん》を握らせてくれる。意外と簡単だった。

突然「あっ、山火事だ！」と、叫んでいた。あちらこちらから煙《けむり》があがっている。笑いながら「心配するな、あれは焼き畑をしているのだよ」とキャップテンが教えてくれた。

煙の正体は焼き畑農業のせいだった。森を焼き払ってタロイモを植える。灰が肥料になるのだが4〜5年たつと土地がやせてしまうので、次々と移動して焼いていく。こうした移動農業から、日本のように定地型農業になれば理想ですね！

今アマゾン河流域でも熱帯雨林の大火災が深刻な被害だが、焼き畑から飛び火したのも原因のひとつである。

約4年半の歳月を経て努力が実り、ラワン等の南洋木材の輸入に成功したのだ。当時は、丸紅や三井物産、日商岩井、日綿実業などの大手商社がボルネオ島の、マレーシアやインドネシアを舞台に木材開発をしていた時代でした。

それらの商社に混じって、ラワンなど南洋材を満載《まんさい》した、夢にまで見た私の木材運搬船《うんぱんせん》「雄《ゆう》光丸《こうまる》」が大阪港に入港を果たしたのだ。雄光丸はまさに宝船であった。本船に行き船長に挨拶した。当時は木材の需要が旺盛《おうせい》で合板メーカーなどに販売した。「雄光丸」はボルネオ島サバ州のサンダカンと、大阪港や北九州などを何度も往復した。

本船一隻当たりの取引額は何千万円単位であった。青二才の一介の材木屋が商社業務をやってのけたのだ。これは燦然《さんぜん》と輝く、私の痛快事の「光」であった。

「一介の材木屋の若造に、大事業の開発がなぜできたのか?」と、商社間では不思議だったという。

実は、あの空手選手の歓迎《かんげい》レセプションで、同席したマレーシアの農林大臣に一生懸命夢を語っていたのだ。若い日本の青年の夢と情熱に共感してくれたのだろう。「コンセッション(伐採権《ばっさいけん》)」を与えてくれたのだった。

川柳　「武勇伝　何度聞いたか　子供たち」遊楽

しかし、「好事魔《こうじま》多し」を体験する。その後、熱帯雨林の破壊などが問題化したのだ。森林環境保護に対する運動が世界的な高まりとなった。私も3年後に撤退《てったい》を余儀《よぎ》なくされ、ダメージの大きい「影」を体験するのであった。

昭和55年当時、住宅需要が盛んで木材も旺盛な需要に国産材が満足に供給できず価格も高騰した。多くは輸入木材に依存せざるをえない状況だった。

しかし、今は戦後の植林材も60年齢になり、当時の4倍の蓄積量がある。建築用材として使える樹木が日本の山に蓄積されている。価格も当時の60％くらいと安価になっている。それなのに、まだ70％近くを輸入材に依存している。国産材の割合は30％にすぎない。

昔、南洋材を輸入していた私も、今、家を建てるなら日本の木を使ってほしいと願っている。材質的にも国産材が最高だからです。「いい家塾」でつくる家は、当然ながら、国産の無垢《むく》材を使用している。

コラム⑥ 適材適所とは

「適材適所《てきざいてきしょ》」という4字熟語がありますが、適材の「材」とは何を指すのでしょうか。人材活用の場面で使われることが多いので、人材の「人」だと思っている方もいると思いますが、もともとの語源《ごげん》は適材の「材」とは、建物を建てる時の木の使い分け、つまり、木材のことを指していました。

木材はその種類によって、さまざまな性質を持っています。腐《くさ》りにくいもの（ヒノキ、ヒバなど）まっすぐ育って加工しやすい（ヒノキ、スギなど）針葉樹《しんようじゅ》。柔《やわ》らかくて軽いもの（キリなど）。硬くて丈夫な（ナラ、カシなど）広葉樹《こうようじゅ》。

土台や水回りに使う木は、硬くて腐りにくい木でなければなりません。内装《ないそう》に使う木は、木目が美しく手触りが優しいほうがよいでしょう。柱には真っ直ぐに育ち、強度のあるスギやヒノキが使われます。粘りがあって横からの力に強い性質を持つマツやスギは梁《はり》に多く使われます。床材は玄関や廊下のように、人の出入りが多い所はサクラやナラなどの硬い木を、リビングや寝室、縁側《えんがわ》などはスギやヒノキの柔らかくて温かい木を使い分けます。

このようにして日本では、木材の性質を上手に生かして建築《けんちく》に使ってきたのです。それが転じて、適切な人材を適切な地位におく、という現在の使われ方にもなりました。

伝説の宮大工《みやだいく》といわれた西岡常一棟梁《にしおかつねかずとうりょう》の、ドキュメンタリー映画「鬼に訊《き》け」の上映会を3回開催《かいさい》しました。法隆寺の大修理を終えて、薬師寺の再建復興《ふっこう》に捧《ささ》げた偉大《いだい》な一生涯でした。

千年生きる建物には、千年生きたヒノキが必要であり、木の命を繫《つな》いでいく技術が必要だという。まさに至言ですが薬師寺の伽藍《がらん》復興工事の最中、危惧《きぐ》していた日本でのヒノキの調達が困難となり、樹齢千年以上のヒノキを求めて台湾《たいわん》に行くことになります。

昭和50年ごろ私も台湾ヒノキを買い付けに渡台していた時、日本のお寺が一山ごと買うということで現地では大きなニュースでした。当時アメリカのヒノキと台湾のヒノキの両方を販売していました。なぜ台湾ヒノキを選択されたのか？　棟梁の生い立ちや仕事の足跡を知ると、なるほどと納得したのです。

棟梁は「これは宇陀《うだ》のヒノキや、これは吉野のヒノキやで」と、弟子に教えています。宇陀と吉野は隣同士なので見分けは至難です。私も子供の頃、吉野杉と秋田杉と土佐の杉なら見分けられましたが脱帽です。要は土が違うのです。気候や土壌や雨や気温など、環境の違いで同じヒノキでも材質が違ってきます。なぜ米ヒノキ（アメリカのヒノキ）ではなく台湾ヒノキを選択されたのか。米ヒノキは、白木で寿司店のカウンターにも使いますが、台湾ヒノキは無理です。色は油成分が強いので茶褐《かっしょく》色ですし、樟脳《しょうのう》のような匂いが強いのでカウンターには不向きです。

しかし、この匂いが害虫から身を護り、油は水をはじき耐水性が強いことから、西塔の心柱をはじめ金堂など、薬師寺白鳳伽藍建立《こんりゅう》に台湾ヒノキが適木であったのです。この技を「適材適所」「適材適木」といいます。この目利きに今さらながら脱帽《だつぼう》し納得したのです。ひるがえって、現代の建築物やその関与者は「適材適所」「適材適木」が実践できているのか、が厳しく問われています。

西岡語録に「木は鉄を凌駕《りょうが》する」があります。木は建物として超長寿命であるばかりか、人体に好影響なのは人と同じ生き者であるから、木に勝るものはないと教えているのです。

第6章　子供たちのための「住まい」の特別授業　後編

◉特別授業　三時間目

豊かな森林のエネルギー　～自然界の恵みに感謝～

今日の授業のメインテーマは「豊かな森林のエネルギー」その自然界の恵みに感謝・地球温暖化に向けて森林の働きです。そしてサブテーマは「森が死ねば海が死ぬ」～自然界の恩恵と連鎖を考えよう。最初に文字遊びで「木」をしたのもちゃんと意味がありました。さあ、いよいよ本番だよ！　では、森と木の働きです。森の働きはたくさんありますが、ここでは4つを紹介します。

森と木の働き

1　洪水《こうずい》を防ぐということです。森の地面には、落ち葉が積もり、たくさんの生物がくらして、やわらかい土に分解されているため、ふかふかで水をたくわえやすくなっています。森がなかったら、大雨は一気に川に流れこみ、洪水がおこりやすくなります。森は「天然のダム」「緑のダム」ともいわれています。

2　土砂くずれを防ぎます。木の根がしっかり土をかかえこんでいるため、大雨がふってもくずれにくくなっています。

3　雨水をきれいな水に変えるはたらきです。腐葉土《ふようど》の厚《あつ》くつもった森の土にしみこんだ雨水は、土のすき間を通りながら、よごれが取りのぞかれ、きれいな地下水になります。

4　二酸化炭素を吸収して、わたしたち生き物に必要な酸素《さんそ》を放出するという大切なはたらきもあります。一年中葉を落とさない20年生きている天然の広葉樹の森を考えると、1辺が100mの正方形の森の場合、1年間に5トンの二酸化炭素をすい取り、3・7トンの酸素をはき出す計算になります。3・7トンの酸素というと、人が14年間に呼吸に使うくらいの量です。

工場や発電所、自動車などからはたくさんの二酸化炭素が出ています。二酸化炭素が増《ふ》えたことが地球温暖化の原因といわれています。二酸化炭素を大量にすってくれる森は、温暖化を防ぐ大きな働きがあるんだよ。

ほかにも森のはたらきがある。森は強風や気温をやわらげ、野生動物の大切なすみかにもなっている。わたしたちは森へ行くと心も体も気持ちがよくなります。フィトンチッドといって、森はわたしたちに、安らぎもあたえてくれます。

そして家や紙などをつくるのに必要な木材も森が育ててくれている。日本の森林面積は、昔も今もほとんど変わっていません。

日本は、国土の約68%が森林です。しかし、その一方で、日本は世界有数の木材輸入国で輸入した木材の割合が70%もあるんだよ。日本国内の森林は、あまり利用されないまま放置されてきました。これが問題だね。

戦争で都市の多くの家屋が爆撃《ばくげき》を受けてなくなったため、戦後はそれらを建て直すのに、多くの木材が必要になった。そこで人工林がたくさんつくられた。しかし、植えた苗《なえ》が木材として使えるほどの木に育つには、30~50年もかかります。そのため、昭和30年代から、海外から木材を買っていた時代が続いたのです。私も昔、輸入木材を販売していました。

でも今は、じゅうぶんに育った木がたくさんあります。いちど植えた木(人工林)は、人間の手でしっかり管理し、大きくなったら切って使って、また木を植える、というサイクルが必要です。日本はこれから、もっと国内の森林を使うことが求められているのです。

熱帯林が破壊《はかい》されるとどうなるの?

地球温暖化の防止には、温室効果ガス、中でも温暖化への影響が最も大きいとされる二酸化炭素(CO^2)の大気中の濃度を増加させないことが重要です。地球上の二酸化炭素循環《じゅんかん》の中では、森林が吸収源《きゅうしゅうげん》として大きな役割を果たしています。森林を構成《こうせい》している一本一本の樹木は、光合成により大気中の二酸化炭素を吸収するとともに、酸素を発生させながら炭素を蓄《たくわ》え、

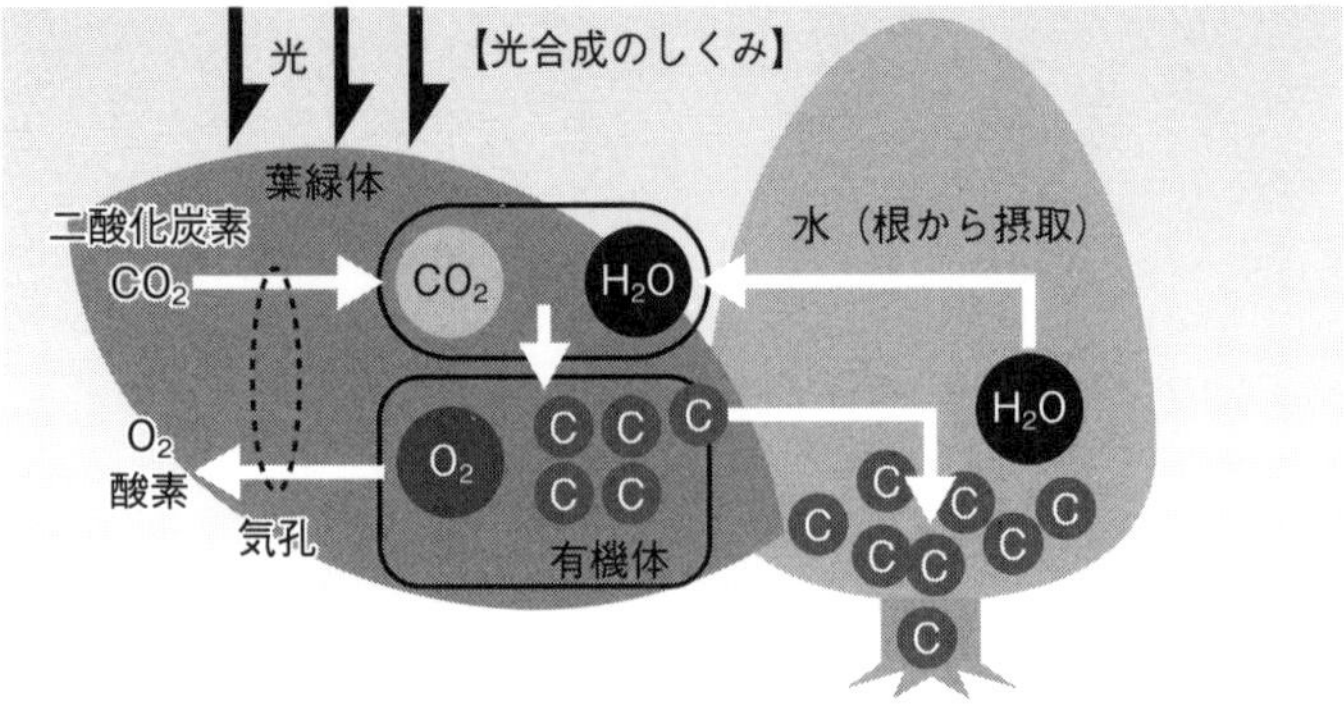

H_2：水素　O_2：酸素　C：炭素　H_2O：水　CO_2：二酸化炭素

成長します。人間は真逆でその酸素を吸収して炭素を排出している。これが重要ポイントだよ。

もし熱帯林が減ると、地球温暖化がますます進んでしまうので大変心配されているんだよ。

熱帯林は「地球の緑の肺《はい》」ともよばれるように、たくさんの二酸化炭素をすいこんで、酸素をはき出しています。二酸化炭素には、空気中の熱をとじこめておく働きがあるため、地球温暖化の大きな原因のひとつと考えられています。熱帯林が大量に減ることで、すいこまれる二酸化炭素の量も減り、温暖化が進むと考えられます。

地球の砂漠《さばく》化も進むと考えられます。テレビや本などで熱帯林を見ると、木がたくさん生いしげっている。いかにも土地がこえているように感じられるかもしれないが、熱帯林では、養分は木の中にたくわえられていて、土地はやせているのです。土にも多少は養分《ようぶん》がありますが、そんな土も表面だけです。熱帯林では、大きな木でも、じつは深くまで根をはっていないのです。

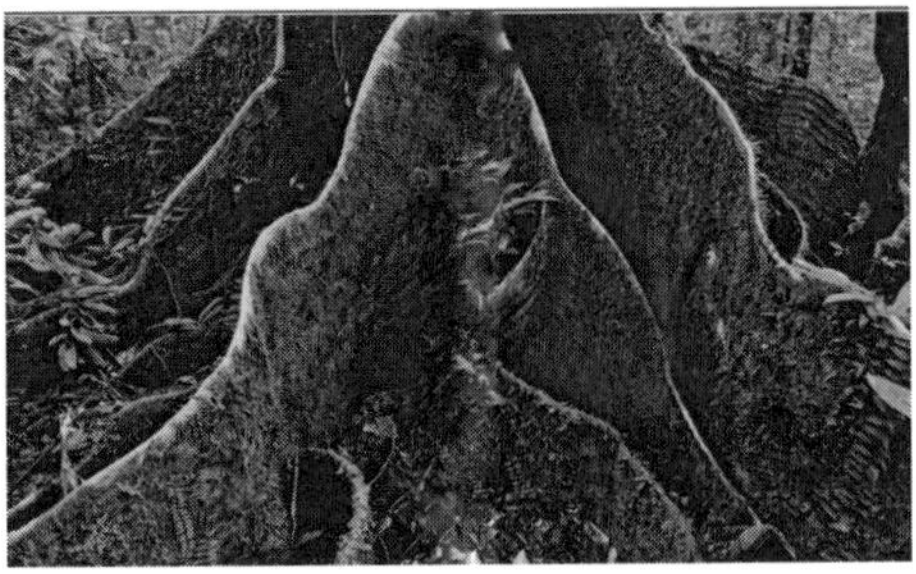

この写真は何かわかりますか？　写真のようにラワンは地中に根を張るのではなく、根が地上に出ているのです。昔ボルネオで伐採していた時は、やぐらを組んで3メートルくらいの上をチェンソーで伐り倒していました。そのため、熱帯林がなくなった後に大雨がふると、土があらい流されて、草も生えない土地になってしまうのです。つまり熱帯林をこわし、そのまま放っておくと砂漠になってしまうこともあるのです。植物がないと、土の中の水はどんどん蒸《じょう》発《はっ》し、大雨がふりやすくなったり、その結果洪水《こうずい》が起こりやすくなったりする地域《ちいき》も増《ふ》えてきます。もちろん、生物の貴重《きちょう》なすみかが失われてしまうのは、言うまでもありません。私も今反省しています。

熱帯林は、どうして急に減《へ》っているの？

おもに、農地をつくるために森林を切り開いてきたのです。地球の人口は増《ふ》え続け、2011年には70億人をこえ近年78億人に近づきました。1800年の人口が約10億人だったことを思うと、たいへんな増え方であることに気づくでしょう。特に熱帯林がある発展途上国では、増え方の勢いは止まりません。

人口が増えると、食べ物が必要になるので、発展途上国の人びとは農地を手に入れなくてはなりません。そこで新しい畑をつくるために森を切り開きます。

森に火をつけて焼いて、あとにできた灰を肥料として使う、「焼畑」がさかんに行われています。私もセスナ機の上からたくさん目撃しました。そして、数年して土地がやせてくると、また別の森を焼きはらって新しい畑にするのです。森林はやがて再生《さいせい》するので、畑などの農地があまり広くなければ、森林と交代でやっていくこともできます。でも人口が増えているため、農地がいつも不足していて、再生する森林よりも、焼かれる森林のほうが多いのです。

また、先進国へ木や農産物を売って、お金を得るために森林を切り開く場合も多いのです。私もボルネオでラワン材などの木材を伐採して日本へ輸出していました。また先進国に肉を輸出するために、森を焼きはらって牧場をつくり、牛を育てます。牧場のほか、大豆やトウモロコシ、ゴム、果実の農園もつくられています。そこでつくられる商品のほとんどが、先進国で使われるものです。

先進国の多くは、木材をたくさん必要とするので、そういった国に木材をきって輸出することも多く行われています。最近では、原木での輸出から、製材品や合板に加工して付加価値《かち》を付けて輸出していることは良いことだね。

このように、発展途上国の人たちが生きていくため、そして先進国の食料や木材のため、熱帯林はどんどんと伐採されてきたのです。植林されないかぎり、熱帯林は減り続けてしまいますね。

地球全体で森がどんどん減《へ》っているって本当？

本当です。2000年から2010年までの間に、毎年平均約5万2000キロ平方メートルの森林が、地球上から消えていっています。5万2000キロ平方メートルとは、日本の国土の7分の1近くにあたります。

森林が減ることは、温暖化や異常気象《いじょうきしょう》など、地球全体の環境に大きな影響をおよぼすことになります。

森林が減る原因のほとんどは、人間の手による森林破壊《しんりんはかい》です。わたしたち人間は、より便利に快適《かいてき》な生活をおくろうとするため、森林を切り開き、畑や牧場や田んぼをつくり、町をつくってきました。

今、特に減っているのは、アフリカ中央部や東南アジア、南アメリカなどの熱帯雨林です。これらの地域《ちいき》では、大規模《だいきぼ》に森の木をたおし、牧場や農場をつくっています。

何年か前までは、このままいくとあと100年ほどで世界の熱帯林はなくなってしまうともいわれていましたが、減り方は少しゆるやかになってきました。それは植林《しょくりん》が広まってきたからです。森林はあいかわらず減ってはいますが、新たに森林が育っている地域も増えてきています。

これは、森林を守っていくうえで、とても大切なことですね。

人工林・天然林って何?

日本の森林には、大きく分けて天然林と人工林があります。

天然林とは、人の手があまり入らずに、自然にできた森林のことで、いろいろな種類の木が生えています。そして長い年月をかけて、木の種類がだんだん変わっていきます。

最初は日当たりのよいところを好む陽樹《ようじゅ》が森をつくります。マツ、コナラなどです。しかし、陽樹が大きくなると、陽があたらなくなるため、陽樹は育ちにくくなります。

すると、暗い森の中でも育つことのできる陰樹《いんじゅ》が生えてくるようになります。あたたかい地方では、クスノキ、カシノキ、ブナ、シイなど、寒い地方では、ブナ、ヒバ、エゾマツなどの森へと変わります。ブナは、あたたかい地方でも寒い地方でも育ちます。

人工林とは、人間が苗木を植えて、育てた森林のことです。同じ種類の木だけが植えられていることが多いです。日本ではおもにスギ、ヒノキ、カラマツなどの針葉樹《しんようじゅ》の森で、日本の森林の40%をしめます。人工林は、下草をかったり木をきったりして、人が育てる必要があります。

人工林はまっすぐの木を育てるため、間をつめて植えている。間伐といって成長に合わせて適度《てきど》に木をきっていかないと、光が入らず、森全体の木の育ちが悪くなってしまいます。根がしっかりはらないと太くてたくましい木にはならず、ひょろひょろした木では木材としての価値《かち》が低くなります。

天然林は、自然が森の管理をしますが、人工林は、人間が管理しなければならないのです。日本では戦後、木材の多くを輸入にたよってきたため、あれたまま放っておかれた人工林が多くなっています。わたしたちは、人工林の手入れをし、どんどん木を使い、新しい木を植えていかねばなりません。

森の木をきると魚がとれなくなる？

本当です。森の木は、川や海でくらす魚の栄養《えいよう》をつくっているからです。

森の中で、地面に落ちてたまった葉は、ダンゴムシなどが食べてフンとなり、細かくなります。そしてそれは目に見えないほど小さな生物に食べられ、ふかふかの腐葉土《ふようど》になります。腐葉土は、生物の栄養分になるものをたくさんふくんでいます。カブトムシの幼虫《ようちゅう》も腐葉土を食べます。腐葉土は、さらにミミズや目に見えないほど小さな生物のはたらきで、分解《ぶんかい》されて、栄養をふくんだ細かい土になります。

森にふった雨水は、土の中の養分をとかしこみながら地面にしみこみ、地下を通って、わき

森林のある山とない山の雨水のゆくえ

森林のある山	雨水のゆくえ	森林のない山
１５％	蒸発する	４０％
２５％	樹にとどまる	０％
２５％	表面を流れる	５０％
３５％	地下水になる	１０％

※降った雨を100％として

水になり、川となります。

川に栄養があると、川に住む小さい虫や生物が元気に育ち、さらに、これらを食べ物にする魚も増えることになります。川は海に流れこむので、海の生物や魚も元気に育ち、数が増えます。

ぎゃくに、森の木をきると、川の栄養分、そして海の栄養分が少なくなります。

生き物の数が減り、魚もとれなくなってしまうのです。

日本の木を使おう

日本は、国土の森林率は68％もあり世界第3位の森林大国です。樹木の保有率は2位です。でも、その中には手入れされていない森がたくさんあります。日本の森には木材として利用できるくらい成長している木がたくさんありますが、切られることなくそのまま放置されているのです。木を切りすぎることは良くありませんが、木を切らないのも森のためになりません。

木を切って木材として役立てる。切ったあとには木を植えて、何十年もかけて育てて、また木材として活用する。その循環《じゅんかん》をつくり、守ることで、森は健やかな環境を保つことができます。

今の日本の森はもっと「木を切って使う」必要がある、そう覚えてください。では、木を切ったら、どう使えばいいでしょうか？

たとえば、最重要なのは日本の木で家をつくることです。そしてビルの内装を日本の木で演出する、家具やおもちゃも日本の木でつくる。今まで木を使っていなかったモノも日本の木を使ってつくってみる。以前は木で作っていたものが、問題の多いプラスチックに多く変わっていますが天然の木材に戻ってほしいのです。公園の遊具《ゆうぐ》も、色のけばけばしいプラスチックが多いですね。人も木も地球上の同じ生き物ですから相性が良いのです。そして、みなさんも、木でできた物を見たら「これは日本の木を使っているのかな？」と気にしてみてください。何より日本の木材は外国の木材より品質が優れています。今、輸入木材は70％もあり、日本の木は30％しか使われていないのです。もっと日本の木材を使って逆転してほしいのです。

木にも目があることを知っていますか？

木目《もくめ》といって目があるのです。どんな「目」なのでしょうか？　木製品を見たとき温かさや心地よさを感じるでしょう。その原因のひとつが木目です。木目の模様は生物特有の柾目の規則性と板目のゆらぎを併《あわ》せ持っており、それが自然に心を和ませる魅力《みりょく》だと思う。木目とは木材の表面の模様《もよう》をいい、木材を構成する組織構造《そしきこうぞう》と3次元的な配列を断面で切った模様ともい

●心材と辺材

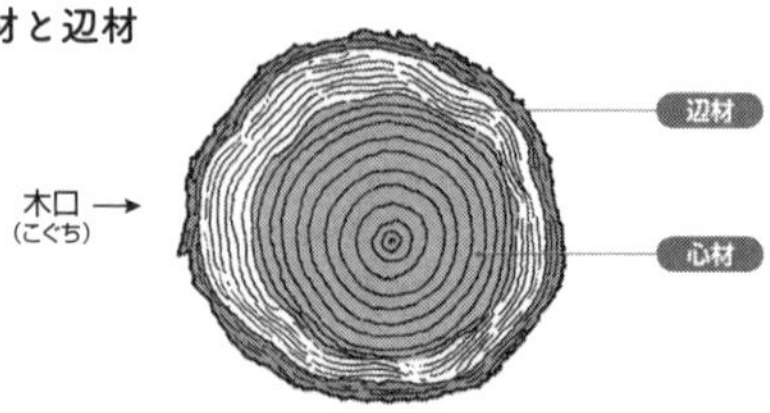

●スギの板目と柾目

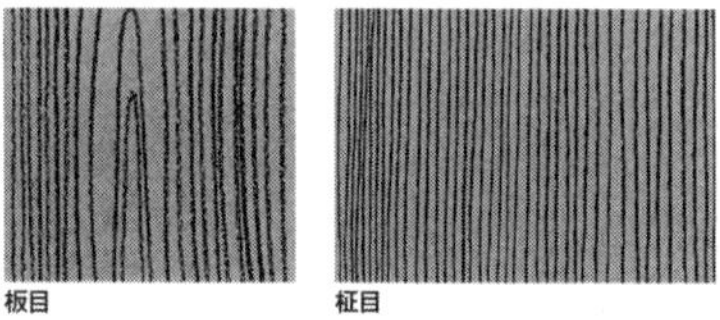

出典『木と木材がわかる本』（日本実業出版社）より

●樹木の構造

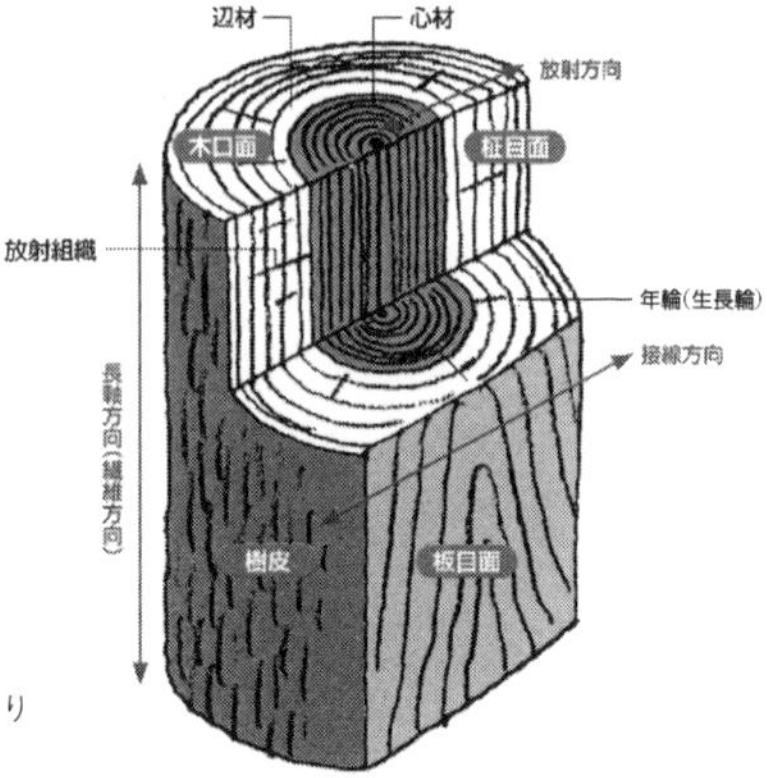

える。同じ木の断面は3種類があり、・木口《こぐち》・柾目《まさめ》・板目《いため》という違った模様を見ることができる。

　木口を見ると夏目と冬目がある。日本には四季があります。樹は夏に成長し大きくなります。この時の層を「夏目」という。冬は寒いのでほとんど成長が止まり、細い線のようになる。これが冬目です。冬目と冬目の間隔が1年の成長なので年輪《ねんりん》（生長輪《せいちょうりん》）という。丸太の木口を見ると年輪が見えるよ。数えると樹齢（年齢）がわかる。原木の丸太を柱や板に製材した時に、柾目と板目の模様が現れる。節（ふし）も表れるよ。節はもともと枝であったのが成長して太くなったのでそれが節として残っているのだよ。

自然界の連鎖

・原生林が減少したので生態系が変化した

身近なところの事例を紹介します。紀伊半島の熊野《くまの》地方の森林破壊が「山と川と海はひとつ」であることを教えてくれました。

紀伊半島の南、熊野の原生林（天然林）が伐採され激減したので、自然のバランスが崩れてしまった。昭和28年豪雨《ごうう》が降り植林の樹木が根こそぎ倒れ「山津波《やまつなみ》」が発生して、樹木と土砂が有田川に流れ込み、橋や家を破壊《はかい》し多くの人が犠牲《ぎせい》になった。

原生林のカシ等は、根を深く張っているので根こそぎ倒れることはない。だから土砂の流出がない。しかし、植林した高く売れる人工林のスギやヒノキだけでは、根が地表近くに横に張り、まわりの根とからみあっているので根こそぎ倒れてしまう。

植林材が生み出す問題は「水枯れ」もある。冨田川では10年前に比べて水量が激減した。原因はスギ・ヒノキの単一林では保水量《ほすいりょう》が少ないので混成林より生物の数が少ない。特に土の中で倒木や動物の死体を分解して腐葉土を作り出す微生物が少ないために保水力がなく水枯れを起こす。雨が降っても土の中に蓄えることなくすぐに流れ出す。豊かな生物を育む原生林は漁業にとっても大切なのだ。今、原生林の復活の必要性から、思い切って森づくりが始まった。

森の生物の生態系《せいたいけい》が崩れれば、水生生物が減少し、それをえさにしているアユなど川の魚も減少した。海に流れ来た森の腐葉土が、海の魚のえさになるプランクトンを生む。ゆえに「森と川と海はひとつ」である。

・森が死ねば海が死ぬ

「森が死ねば海が死ぬ」という、こわ～い話をしましょう。

海が真っ赤になり死んだので、昆布《こんぶ》が死んだという、怖い話です。50年前、一人の娘が札幌《さっぽろ》から襟裳《えりも》にお嫁《よめ》に来た。花婿《はなむこ》は昆布を採る漁師であった。花嫁は家の前の百人浜の海が真っ赤なのに驚いた。当然昆布はほとんど死んでしまっていた。なぜこんなことになったのでしょうか？

襟裳の冬は零下《れいか》30度になる。村人たちは厳《きび》しい冬を越すために、燃料として周囲の山や森の木を伐りつくしたのです。そうしたら、降った雨が山の土砂を海にどんどん流し込んで真っ赤になったのです。

そこから、二人の苦労と戦いが始まった。漁師ははげ山を元の森にしようと、仲間と松の木の植林を始めた。しかし、一度死んだ森は簡単に元には戻らなかった。血のにじむような努力を30年間も続けなければならなかった。

ようやく海が青くなり始めた。しかし、漁師は75歳のお爺《じい》さんになってしまっていた。

「襟裳の春は何もない春です　寒い友達が訪ねてきたよ……♪　本当に貧しかった。何も無かったので、歌にまでなって有名になった。森進一さんのこの歌聞いたことありませんか？今、長男と20歳の孫が、漁師となり跡を継いでいる。ようやく立派な襟裳昆布が採れるようになった。50年前の豊かな襟裳の海が帰ってきたのだ。

自然界の生態系が崩れると悪い連鎖《れんさ》がおこる。地球上の私たち生き物はみんな、助け合って生きていることがわかりましたね！

伊勢湾でアコヤ貝による真珠の養殖《ようしょく》が有名ですね。この人たちは「森は海の恋人」だという。豊かできれいな森の栄養素が川から海に運ばれてくる。その恵みがきれいな真珠《しんじゅ》を育てるので「森は海の恋人」という。この言葉が生まれたのでしょうね！　ここでも、森と川と海は一体だとわかりますね。

フィリピンの地滑り災害など

2003年2月、フィリピンのレイテ島で、大きな地すべり災害があり、村全体が山の土砂で埋まってしまった。４０００人が犠牲になり、地元の小学校で２５０名も犠牲になった。

なぜこんな災害が発生したのか？

森林伐採などによる、自然破壊が原因でありこれは人災であるという。

フィリピンでは、１９６０年代から70年代にかけて、主に日本への輸出を目的に大規模《だいきぼ》な森林伐採がおこなわれた。最近では中国向けが増えている。貧困による違法伐採《いほうばっさい》や焼き畑が後を絶たない。過去30年で53％の森林が消滅《しょうめつ》した。

私も創業当時、南洋木材の原木販売業をしていた当時、南洋材といえばフィリピン産のラワンやアピトンであった。その後乱開発《らんかいはつ》から出材量が減少してきた。そこで、新しくボルネオ島に拠点を移動したのであった。

東南アジア各国の熱帯雨林は、無計画な森林破壊が繰り返されてきた。

カンボジアでは、国土の73％だった森林が２０００年には40％に減少した。このため、東南アジア最大のトンレサップ湖の漁獲量《ぎょかくりょう》が減少した。また、タイのメコン川流域では土砂災害で２０００年に３５０名が死亡した。

森と川と海の関係

「タラバガニと森と流氷《りゅうひょう》の美味しい濃密《のうみつ》な関係」のお話をしましょう。

Q　北海道常呂町《ところちょう》の名物は何か？

A　流氷とカーリング。

Q　流氷がやってくるがどこから来るのか？

A　ロシア　シベリアのアムール河の河口でできた氷がオホーツク海を渡ってくるよ。

Q　オホーツク海はタラバガニやニシン、タラ、鮭《さけ》などの豊富な漁場になっている理由は何か？

A　アムール河流域の広大なシベリアの針葉樹と広葉樹の森林からフルボ酸《さん》と鉄分など有機《ゆうき》物《ぶつ》が川に流れだす。流氷は光合成して多くの植物プランクトンを生みだす。これが美味しいタラバガニを育て豊富《ほうふ》な魚を育てるのです。

・良い連鎖：襟裳の赤い海（因・縁・果）

襟裳は森の木を全部切るという「悪い種」をまいた。雨で土砂という縁が、海を真っ赤にして昆布を全滅《ぜんめつ》させる結果になった。しかし、反省して元に戻すため植林という良い種をまいた。大変な努力という縁で、昆布がご褒美として帰ってくるという良い結果になった。良い連鎖を生むのは「助け合い・共生《きょうせい》」です。

・悪い連鎖：熊野の山津波

熊野では原生林《げんせいりん》をたくさん切ったという「悪い種」をまき、大雨という縁により、山津波が起きて大きな被害《ひがい》が出た。普段は川の水が少なくなり魚が減るという悪い結果になった。こんな結果を「悪循環《あくじゅんかん》」とか将棋《しょうぎ》倒し」という表現もするよ。

◉特別授業　四時間目

最後にこれから大人になっていく君たちに大切なことを伝えたいと思います。

人生で大切なことは、①目的と目標探し　②英雄になろう（いじめを考える）　③健康第一ということです。

①目的と目標探し

自分の「好きなこと、好きなものを探そう」好奇心《こうきしん》から、目的、目標になるよ。

君たちの人生にあって大切なことは「目的」と「目標」を見つけることです。活動する時その「目的」は何か？

それは何を目指しているのかという「目標」を設定することです。

一歩一歩、一段一段進めていく努力に、成功が待っています。さらに、たどり着いた時は、達成感《たっせいかん》という喜びのご褒美《ほうび》が待っているよ。この目的と目標があるから、ゴールを目指して頑張れる。

「目標設定」のため自分の好きなこと、好きなものを探しましょう。興味のあるものが「好奇心」で、それを進めていくと目的になっていく。私は好きなことを活かしてこんな仕事をしたいとか。こんな事ができる人になりたいとか。たとえばズバリ学校の先生になりたいとか、看護師さんになりたいとかあるでしょう。そのために勉強するといった目的を固めていこう。

「ダメな子とか、悪い子なんて子は一人もいないんだよ」

希望という夢と、目的と目標を見つけにいこう。何か好きなものや、好きなことが誰にでもあるはずです。そこから目的ができ、目標が必ず見つかるからね。

たとえば、野球選手の野茂英雄《のもひでお》投手は、子供のころから野球が大好きでしたので、野球選手になるという「目的」ができた。そこでまず「小目標」はプロ野球選手になることでした。次の「大目標」はアメリカのメジャーリーガーを目指していました。

近鉄バッファローズで、新人王をはじめ8個のタイトルを獲得。さらに、メジャーで日米通産200勝、ノーヒットノーランを2回も達成した。日本人初のメジャーリーガーとなり、イチロー選手や松井秀喜《ひでき》選手など後輩《こうはい》選手にとっての希望という大きな「目標」になり、日本人に大きな夢や希望を与えた。そして引退後は、野茂ベースボール倶楽部《くらぶ》をつくり、少年野球を指導している。今、子供たちに大きな夢と希望を与え、子供たちの夢の実現に応援している。

「名は体（態）を表す」という、ことわざがある。

先ほども言ったように、僕の名前は「明」です。性格は名前のとおり、明るく朗らかで楽天的です。陽性です。

野茂選手の名前は「英雄」＝「ひでお」であり、「えいゆう」でもあります。ご両親が立派な英雄になってほしいと命名したのでしょうね。そして、野茂さんは自分の好きな野球に一生懸命努力した。そして、将来は立派なプロ野球選手になろうという「目的」をもって、さらにメジャーリーガーという大きな「大目標」を設定した。

その目標に向かって精進《しょうじん》努力を重ねて、一歩一歩階段を上がっていった。

そして、ついに「大目標」を達成したのです。文字通り「英雄」になったのです。


最近大変悲しいことがある「いじめ」です。

私がとっても心配していることが「いじめ」です。

平成18年度のいじめの認知《にんち》件数が、それまでの6倍にも跳ね上がったのです。でも関係者は、これでも実態には即していないという。相次いだ自殺の発生から、より陰湿《いんしつ》ないじめが行われていると言われているよね。

みんなも、いじめを見たり聞いたりしたことはないですか?

この表は、奈良県の小・中学校の生徒1400人の調査結果表です。

	いじめられた事がある	いじめた事がある
小学生	低学年 32% 高学年 23%	低学年　16% 高学年　19%
中学生	11%	10%

「いじめた」と「いじめられた」このギャップ(差)が問題だよ。

小学生で「いじめられたことがある」子は低学年32%、高学年23%もあった。

しかし「いじめたことがある」子は低学年16%、高学年19%だった。

小学生ほど、いじめたという自覚がないのだね。これが問題だよ!

このギャップに気づいてほしいのです。

「誰かがいじめられているのを見たらどうするか？」この問いに対して「かかわらないようにする」という答えは年齢が上るにつれて増えています。

これは「見て見ないふりをする」という悲しいことですよ。

ここまでわかりますか？

②英雄になろう

勇気がある優しい人が「英雄」です

野茂選手の「英雄」にちなんで君たちに優しい英雄になってもらいたいのです。

みなさんは英雄になりたいですか？　みんな英雄になれますよ！

英雄とは、「いじめを見たら注意する勇気のある強い子」です。

さあ、君たちは今日から強い子、英雄ですよ。いいね？　約束ですよ。

人はみんな障害者

ここに自分は「障害者《しょうがいしゃ》」と思う人はいますか？　本当にいませんか？

実は、私も君たちも、人はみんな障害者なのです。

人はみんな、「障害に生まれ、障害に生き、障害に死ぬ」のです。

ヒントは「オムツ」です。みんな赤ちゃんの時オムツをしていたでしょう!! オムツは何ですか? 介護《かいご》用品ですね。私たち全員が生まれた時は、目は見えないし、食事も自分でできない。立って歩けない。おっぱいも飲ませてもらうでしょう。だから介護が必要なのです。鹿《しか》など動物は、生まれた瞬間から目は見えるし、立ち上がり、自分の足で歩き、餌《えさ》を自分で食べる。象《ぞう》は死期《しき》を悟《さと》ったら、群れから外れ自分で死を迎える。人は、生まれた時も、死ぬ時も長期間介護が必要な障害者です。「わかりますか?」真剣《しんけん》な顔でみんなうなずいてくれた。

ではなぜ、こんな話をしたのでしょうか?

「いじめ」の根本原因は「差別」をする心なのです

では「差別《さべつ》」とはなにか? 差別の意味を知っていますか?

一般論では「分け隔てをすること」(日本語大辞典)

実はこれが大間違いなのです。だから「差別」をして、大間違いを犯すのです。

本質論は「差　有　別　無」。本来「差有って、別無し」(さあって、べつなし)という4字熟語なのです。「差別」の文字の間に有・無の2文字が隠れているのです。

これは禅宗(黄檗宗)の教えで「差有って、別無し」と教えます。人はみんな、差は有るのです。差とは違いです。「別とは分け隔て」です。「別無しだから、分け隔てなし」ですよ。

人にはいろんな違いがあるのは当然ですね。そうでしょう? 顔も体系も、みんな違うじゃないですか。いろんな違いがあることを、認識《にんしき》することが基本《きほん》です。たとえば「デブとかチビとかブス」とか言って差別をしていじめていませんか?

しかし、そこで大切なことは「分け隔《へだ》てが有《あ》ってはいけない」のです。

「差有って別無し」ですよ。わかってくれましたか? みんなが自分も障害者だとわかると「いじめはサヨナラ」だね!

さあ、今日からみんな英雄になれるね!?


川柳「孫を抱き　バアバも同じ　パンパース」遊楽

③健康第一

これからの、みんなの人生の目的と目標を目指すには、なにより健康が第一です。

「健康な身体に健全《けんぜん》な精神が宿る」と聞いたことあるでしょう。

だから「早寝・早起き・朝ごはん」。

さあ、大きな声で3回「早寝・早起き・朝ごはん」「早寝・早起き・朝ごはん」「早寝・早起き・朝ごはん」。

今日は終わりまで、居眠りもせず聞いてくれてありがとう。終わります。

感想文から

●「今日は来ていただいてありがとうございます。とても勉強になりました。私が一番心に残ったのは森林のことです。森林を焼いて畑をつくるなんてびっくりしました。私は森を焼いてほしくありません。なぜなら百人浜のようになってほしくないからです。そして映画をみせてくれてありがとうございました。自分で映画を作るなんてすごいと思います」差別の意味がわかりました。私も英雄になりたいです。ありがとうございました」小林陽子さん

●「多くの家が木でできた家になるといいと思った」「なんでこだまという題にしたのですか?」「木の家はコンクリートの家、鉄の家より人間にいいことがわかりました。そして木は温《あたた》かいことがわかりました」「一一〇キロまで耐えられることにびっくりしました」「こだまの映画はとっても詳しく木について説明していたのでよくわかりました。木は強くて燃えにくくて、腐りにくい、いいことがたくさんあるのですね!でも木の欠点は無いのですか?どれくらいかけて木のことをこんなにたくさん知ったのかはわかりませんがすごい人ですね。差別の意味がわかったので、私も英雄にちょうせんしま

す」桜井晶穂さん。

●「今日はとてもためになる話をありがとうございました。森林を大切にしなくてはいけないということ改めて知ることができました。

今森林が次々に破かいされているのはとても悲しいと思います。日本ももっとたくさん木を植えて、多くの家が木でできた家になるといいです。これからも環境のことをよく調べて、森林を大切にして、私も遊びの工夫をしたいと思いました。差別の意味をおしえてくれてありがとう」吉崎葉月さん

●「〈こどもは遊びの天才〉と言ってましたが私の場合は、火曜日と日曜日以外全部習い事でギッシリです。

だから私はふさわしくないと思いました。〈早寝早起き〉も〈おそねおそおき〉になっています。でも、これからは頑張りたいと思います」中野文恵さん

平成二十年一月二十九日
特別授業
釜《がま》中《なか》 明
「豊かな森林のエネルギー」
一 森が死ねば海が死ぬ
二 子供は遊びの天才
三 読み・書き・話す
四 約束 ①目標探し ②英雄になろう ③健康第一

おわりに――絶望の隣は希望

本書の原稿が大詰めを迎えようとしていた時、嬉しいニュースが飛び込んできた。

政府は、令和2年版「環境・循環型社会・生物多様性白書」いわゆる「環境白書」を閣議決定した。気候変動に伴い国内外で災害が相次ぎ、人類を含むすべての生き物の生存基盤を揺るがす「気候危機」が起きていると強調。対策を訴える若者の活動が活発化しているとして、スウェーデンの環境活動家、グレタ・トゥンベリさんを紹介した。

白書は、昨年の台風19号や半年間焼け続けたオーストラリアの森林火災を例示し、地球温暖化で災害リスクはさらに高まると指摘。グレタさんの活動により「国内でも若者を中心に気候変動への関心が高まっている」とした。

プラスチックごみによる海洋汚染や生物多様性の保全も「地球規模の課題」に挙げた。政府や自治体、企業に加え国民一人一人がリサイクルや省エネルギー化、資源保護に取り組むよう求めた。

ようやく政府が危機感を表明したのだ。

これを受けて、経済産業相は7月3日、二酸化炭素（CO_2）の排出量が多い石炭火力発電を、令和12年度までにゼロに近づけると表明した。まず、国内140基の石炭火力のうち非効率な114基が休廃止の対象となる見込みという。太陽光や風力などの再生可能エネルギーを重視し、効率的にCO_2削減を進めたい考えだ。

欧州などではすべての石炭火力を地球温暖化の元凶として否定的に見る向きもあるが、政府は〝日本式〟の温暖化対策を進めるという。

産業界でも脱ガソリンが加速し始めた。飛行機と自動車だ。世界でガソリン車などの販売を禁ずる「脱化石燃料車」の流れが加速している。9月26日に開幕した北京モーターショーではEV（電気自動車）の普及が加速した。日本車もトヨタや日産やホンダも新型を発表した。他業界のソニーもEV車の開発が進展していると聞く。日本の自動車メーカーも対応を本格化させてきたのは大歓迎だ。

菅総理、温室効果ガス排出量を2050年「実質ゼロ」を宣言

菅総理は9月26日、就任後初の所信表明で脱炭素、二酸化炭素（CO_2）など温室効果ガスの排出量を2050年（令和32年）に「実質ゼロ」を宣言した。

ようやく政府が決断したのだ。これで脱炭素社会実現に向け産業界も素早い対応が迫られるだろう。令和3年2月、経済産業省が2050年までに温室効果ガス排出実質ゼロの脱炭素社

会を実現する目標に向け、企業の技術開発などを支援すると発表したのだ。

産業界も素早い対応が迫られるだろう。

CO_2排出ゼロへ、気候変動と戦う上で関係企業も命運がかかっている。産業界、各企業にあって気候変動危機に対する「グリーン投資」の広がりが加速することを期待せずにはいられない。

「実質ゼロ」へ世界も動き出した。米国はパリ協定から離脱したトランプ大統領から打って変わって、バイデン大統領はパリ協定に復帰し、50年実質ゼロのほか温暖化防止を優先課題のひとつに挙げるとしている。欧州連合（EU）も50年実質ゼロを表明している。世界最大の温室効果ガス排出国、中国は60年ゼロを目指すという。まさに大きな転換のうねりが起ころうとしている。

一方、絶望の孤独という「子どもの危機」に菅総理は孤独や孤立の問題が深刻化していることを受け「孤独・孤立担当相」を新設し任命した。絶望の隣は希望に明転することを祈らずにはいられない。

グレタ・トゥンベリさんの叫びが「地球の救い」へ、希望の明かりが点火

令和元年8月、15歳のグレタ・トゥンベリさんが2週間学校を休み「気候のためのストライキ」と叫び議会前に座り込んだ。彼女のまいた種から2年後、地球と世界に「希望」の明かり

が燈されたのだ。ようやく、グレタさんの叫び声が、「温室効果ガス排出量実質ゼロ」へと進化したことは大歓迎である。一粒の種が芽を出し、大きな華として結実することを祈る。運動は30年後までの戦いが続く。グローバル気候マーチを声高に継続しなければならない。

筆者は「地球・子ども・家」への危機感の発露からペンを執りました。本書が希望への点火につながれば望外の喜びです。

いい家塾は温暖化対策として木造住宅を長年推進してきました。これからも継続してまいります。

今、筆者の夢はグレタさんを、日本に招待して日本の若者達とグローバル気候マーチを高らかに謳いあげることです。

私の希望は、グレタ・トゥンベリさんが、ノーベル平和賞、受賞の吉報が届くことを待っています。薬師如来に祈りながら。

巻末1　世界遺産　薬師寺　国宝東塔大修理竣工慶讃

「薬師寺ご縁起」

薬師寺は天武天皇により680年に発願され、持統天皇によって697年本尊薬師如来が開眼しました。文武天皇の御代に至り、飛鳥の地において堂宇の完成を見ました。その後、710年平城遷都に伴い現在地に移された。当時は南都七大寺のひとつとして、その大伽藍はわが国随一の荘美を誇った。金堂を中心に東西両塔、講堂、回廊が立ち並び、中でも裳階《もこし》を施した金堂や塔のたたずまいの美しさは、龍宮造りと呼ばれて人々の目を奪いました。

爾来1300年を経、この間幾多の災害を受けた。特に1528年の兵火では東塔（国宝・白鳳時代）を除く諸堂が灰燼に帰しました。

昭和42年、高田好胤管主により薬師寺白鳳伽藍の復興が発願された。失われた堂塔の復興を大悲願とし、お写経勧進によって、金堂、西塔、中門、回廊、さらに平成15年3月に大講堂が復興され、白鳳伽藍が甦りました。

以前、高田好胤管主が勧進行脚で、大阪の木材会館に来られた時、私も参加しました。先の大戦で戦死した多くの英霊の慰霊でビルマでの法要のお話でした。ビルマ（現ミャンマー）でのインパール作戦は過酷な戦いで、9万人を超える多くの戦死者が出ました。その墓地は現地の人たちが護ってくれているそうです。

「読経が始まった瞬間、一陣の風が吹き周囲の樹々がザワザワと大きく揺らめいたのです。私は多くの英霊がこの日を、どれほど待っていて下さったのかと感得しました」と感動的な法話を頂戴したのです。

実は私が誕生して半年後に出征し、昭和19年7月21日、父釜中長義はこの地で戦死したのです。25歳の若さでした。胸がいっぱいになり感謝の合掌を捧げていました。後日、安田暎胤長老にこの話をした時「私も同行していました。感動的な法要でした」と述懐された。

いま世界はコロナ禍で一大危機に際し、法相宗大本山薬師寺御本尊「薬師如来さま」におすがりする以外、手立てがありません。薬師如来は、東方浄瑠璃浄土の教主で、またの名を医王如来ともいい、衆生の身と心の病気を救済してくださる御仏です。ここはお薬師様の真言「オンコロコロ　センダリ　マトウギソワカ」を至心に唱和して、心身の安穏を祈りましょう。さらに機《とき》を待っていて下さったが如く、国宝東塔大修理が竣工いたしました。はからずも東方から光明が衆生の頂に燦然と輝くがごとくに。

合　掌

「先人の偉業に学ぶ」

平成25年節分の日に、世界遺産　薬師寺国宝東塔解体修理現場の内覧会をお許し頂き主催しました。

冒頭私は、100人の参加者に「先人の偉業と歴史に学ぶ」をテーマに掲げ、飛鳥天平人の叡智の結晶であり、1300年の命に巡り会える幸運に感謝の祈りを捧げました。

西暦730年創建当時のまま唯一残る東塔を、12年計画ですべてを解体し修理再建されます。この日は2万枚にのぼる瓦と土が下されてあり、最上部の「相輪《ソウリン》」も解体され「水煙《スイエン》」が作業台に並べられてありました。

水煙は天女が舞い降りる姿で、ここから下が水面ですと示し、1300年間東塔を火災から護ってきたのです。当に天平人の祈りを知り、眼前にした時全身の八万四千の毛穴が開くのを覚えました。

構成部材は約9000点ですべてが木であり貴重な情報を持っている。7割が再利用され3割が新材で修復するそうですが、改めて木の生命力に圧倒されます。

この東塔から最も学ばれた偉人がいました。あの伝説の宮大工と云われた西岡常一棟梁その人です。法隆寺の大修理を終えて薬師寺に請われてきたのは薬師寺の再建復興のためでした。文献資料も図面もない中で唯一残っていた東塔がすべての手がかりであったそうです。

すべての部材を実測し、形状をスケッチして原寸大1／1の図面を2年余りを要して描いたといいます。気が遠くなるような作業からこれを基にして金堂、西塔、大講堂など薬師寺白鳳伽藍が平成の世に再生建立されたのです。

『木は大自然が生み育てた命です。木はモノではありません。生き者です。人間もまた生き者です。木も人も自然の分身です。このもの云わぬ木とよく話し合って、命ある建物に変えてやるのが私たち大工の仕事ですわ。木の命と人間の命の合作が本当の建築です。飛鳥の人はこのことをよく知っていました。

檜の命の長さを知り、それを生かして使う智恵を持っていたのです。檜の良さと、それを生かして使った飛鳥人の知恵の合作が、世界最古の木造建築として生き残ってきた法隆寺や薬師寺です。法隆寺や薬師寺はそのことをよくおしえてくれています』

（西岡常一棟梁の著書『木のいのち　木のこころ』から）

西岡棟梁は「千年の檜には千年の生命がある」「木は鉄より強い」と断言しています。

1300年の木造建築に関与してこられた匠の証言だけに真実の重みがあります。

さらに、現在の速さと量だけを競う模倣だけの技術とは根本的に異なる、日本人の古の叡智と指針を、建築物を通して繋いでくれました。

「鬼に訊け」上映会とシンポジウム
伝説の宮大工「西岡常一棟梁」の生涯を描いたドキュメンタリー映画「鬼に訊け」の上映会壇上。右から映画「鬼に訊け」山崎佑次監督。薬師寺元管主安田暎胤長老。釜中明いい家塾。司会進行は小池志保子（大阪市立大学准教授）

西岡棟梁が千年の時間を想うのは、現代文明に対する反論であり現代の建築物や関与者に対する厳しい苦言であり警鐘であると受け止めました。

同じ奈良県人として、私は棟梁の教えを家づくりに伝承すべく「いい家塾」を創立したと自負しています。

家づくりは奥が深い一大事業です。子から孫へ、子々孫々に、絆と命をつなぐ大切な事業です。どうか嬉しいはずの慶事を「こんなはずではなかった」と、後悔しないように、いい家づくりを実現してください。そのことを願ってやみません。

そんな、悲劇をなくすために、2003年「いい家塾」を創立し、翌年、講座を開設しました。受講生から「常識の非常識」「常識のウソ」を知りました。「目からうろこです」と喜んでくれています。卒業生と在塾生で750名になりました。

※令和2年4月、無事東塔の再建工事が竣工、落慶しました。
しかし残念ながら落慶法要はコロナ禍で延期された。

千三百年の宝塔護持　『発菩提心・荘厳国土』

薬師寺　執事長　大谷徹奘

今この文章を、令和三年二月十五日、午前十時半より行われた、薬師寺東塔竣工式が無事終えられた直後に書いています。

平成二十一年以来、十二年ぶりに東西両塔が並び建ち、その中央にご本尊薬師瑠璃光如来、日光月光両菩薩をお祀りする金堂が、威風堂々と構えています。

東西両塔と金堂を結んだ線の中央上に金銅製の大きな燈籠も、久方ぶりに再設置されました。その燈籠の竿とよばれる柱の部分に、薬師寺白鳳伽藍復興に人生を掛けられた大勧進僧、高田好胤和上の染筆になる「発菩提心・荘厳国土」という教えが記されています。

この言葉の真意は、一人ひとりが浄らかな心に目覚め、日々を過ごすならば、国全体が美しくなるという希（ねがい）が込められています。

本書の著者である釜中明氏が、家という場所を立脚点として、「地球という大きな視点も、原点は家族単位。これが基本ですという。（中略）一家族の「家」の問題を解決することが、子供の危機・地球の危機の解決にもつながっていく」と話されていますが、これは高田和上が遺された教えの精神そのものだと思います。

仏教は自覚の宗教と言われます。今まさに一人ひとりが国や地球と繋がっていることを自覚せねばならないと思います。


薬師寺は、檀家を持たず、葬儀には一切かかわりません。そのようなお寺ですから、特定のお寺を支えて下さる人を持ちません。堂塔の復興は薬師寺の願いに応えて下さった方々からのご浄財によります。

私は常々「私達は限りある存在です。あっと言う間に人生は終わります。その自分の命が尽きた後にも、子、孫、その先へと命はつながっていきます。顔を見ることも、名前を知ることもない未来の命ために、私達は心を働かせなくてはならないと思います。薬師寺が千三百年間護り伝えられたのは決して奇跡ではありません。その時々に生きた人々の浄らかな心が薬師寺を護ったのです。どうぞ今日まで千三百年間私達を見守って下さった薬師寺を未来に伝え、さらには未来を生きる人々が、ご本尊をはじめとする諸仏の教えに出会い救われるお手伝いをして下さい。」と、お話ししています。

未来を信じ、未来に幸せの種を残す、この心を忘れてはならないと、再び蘇った東塔の竣工式の日に、再建された金堂・西塔を見上げながら、ひしひしと願っております。

合掌

金堂を背に。「発菩提心・荘厳国土」　薬師寺　大谷徹奘執事長

巻末2　一般社団法人「いい家塾」の使命

「いい家塾」は一人ひとりの夢を形にするひとつのコミュニティであり、自立に導いてくれる社会学校でもありたいと考えました。家について知り、学び、教えあうことは、暮らしのあり方を見直すことになります。木造住宅で「脱炭素社会」を合言葉に、それがさらに、住宅産業界や行政に働きかけていく大きな力に育っていくことをいつも願って全力投球してきました。

何人もの卒業生から実際に家づくりの相談があり、一緒にいい家づくりをして、いい家が完成した時には、共に喜びあい感動を共有します。お蔭さまで、モノづくりの醍醐味を体感・体解させてもらいました。これが、何よりの歓喜であり感謝です。「いい家塾」を設立して本当に良かったと胸が熱くなる瞬間です。これも運営を支えてくれるみなさんの協力があってのことだと感謝しています。

「祝　上棟」実は私は棟木に棟札を記します。施主と関与した私たちも記します。これには責任の所在を明確にして、長期間見守る意思表示でもあるのです。

理事でもあるサポーターのみなさんは、理念を共有する同志です。講師をしていただいているアドバイザーの先生方もいます。協賛企業は、素晴らしい技術や商品を提供してくれています。

設立当初から、後悔しない家づくりの〝ネットワークを標榜〟してきましたが、三者の協働システムが見事に結実した成果です。

各地から講座開催の依頼があります。また遠隔地から家づくりの希望も寄せられます。しかし、残念ながら十分にお応えできていないのが現状です。

各地から本塾の理念に賛同し、協働して頂く優秀な企業団体があれば歓迎します。ネットワークを拡充してまいりますのでご連絡をお待ちします。

令和の大きな課題は「少子&高齢化」「脱炭素社会」です。

少子化問題と共に、子供への痛ましい多くの事件はまさに社会問題です。しかしこれには残念ながら「希望」の明かりはまだ見えてきません。ようやく新設された「孤独・孤立担当相」に期待します。

また高齢化社会の進展で家庭内介護、とりわけ「老々介護」の生活環境の諸問題が切実です。65歳以上の子供が親を介護する、老々介護が50%以上の現実があります。特に、老々介護の家と、終の棲家づくりに注力しています。今、住まいと家庭環境の充実に向けて、この国の住宅・住まいのあるべき姿が問われているのです。

「住まいは人が主」「柱は木が主」と書きます。あなたがいい家づくりの「施主」であり「家主《いえぬし》」です。オンリーワンの「いい家」を日本の山の木で、伝統的な軸組の木構造技術で、すべてを自然素材で匠の技を生かした木造住宅を建てて、美しい街並みを創出してほしいものです。それは、子や孫に引き継ぐ長寿命の住み心地のいい、いい家です。

安全安心なこの家は、地球温暖化防止対策にも貢献しているのです。

田畑は放棄され、里山は荒れ放題です。国力の基盤がしっかりするためには、第一次産業である農林漁業が基幹産業として健全な状態でなければなりません。この国の食料の自給率が38%です。これでは食糧安全保障面で心配です。また食品ロスの多さも問題です。木材も自給率が30%で輸入材が70%ですので逆転を願います。これらの現状認識・危機感から問題解決に繋がれば里山が蘇り、瑞穂の国が蘇れば、国土は保全され、食糧や木材の自給率も向上します。

山村に子供たちの笑顔と元気な声が響きわたり、「限界集落」がなくなることを願います。「子供は日本の宝です」私たちの価値観が健全な方向に向かい、心豊かで安心して人生が過ごせる社会をみんなで築いていきたいものです。

最後に、巻末2に法相宗大本山　薬師寺執事長　大谷 徹奘師からご寄稿を頂戴いたしました。高田好胤和上の「発菩提心・荘厳国土」の教えを身に戴しているとの、過分なる御激励はこの上なき幸せです。本書を著して善かったと実感しています。「合掌」

そして、東洋出版の秋元麻希編集長に一言申し添えます。談論風発の拙文を、切れ味鋭い包丁さばきで料理してくれました。おかげで「起承転結」無事着地できました。有難うございます。

多謝

講座の様子

【一所懸命】

私の人生にあって、55年間を日本の住環境の向上、とりわけ「いい家づくり」に傾注してきました。筋金入りだと自負しています。

「住み心地のいい家」を獲得してください。あなた様のご多幸とご健勝を祈念申します。

基本理念は「人は家を造り、住まいは人を創る」合言葉は「家、笑う」です。

人が好き。
子供が好き。

棟札（むなふだ）

上棟（奥田邸）

木と家が好き。
そして美しいこの国が大好きです。
趣味は「人の喜ぶ顔を見ること」。
性格は「超がつく世話好き」。
住まいの水先案内人。
一所懸命の釜中　明です。
後悔しない家づくりネットワーク
一般社団法人《いい家塾》塾長・釜中　明

川柳　「若葉萌え　里山ひかり　山笑う」遊楽
「三世代　緑の郷で　家笑う」　遊楽

一方家は建物自体がハードでありソフトと表裏一体である。
- ●いい家とはなにか：「長寿命」で「オンリーワン」の「住み心地のいい家」である。
- ●住み心地のいい家とはなにか：「夏涼しく、冬暖かい自然素材の健康住宅」である。解決策は「湿気を制する」こと。この内容は誰も言えなかった、誰も実践できなかった事を本塾の「いい家」造りで実践しエアコンゼロの家も出現している。
- ●家は買うものではなく、つくるもの。
買うものとは既製品の建売住宅、マンション、ハウスメーカーのプレハブ住宅など。家とは「オンリーワン」の「住み心地のいい家」を住まい手自身がつくるものである。
- ●合言葉：「家笑う」
諺に、笑う門には福来る。家族が健康で笑いが絶えない家、これが幸せの原型と信じる。

w川柳　「いい家だ　スマイルだネと　家笑う」　遊楽

〈運　動〉
- ●百年住宅で個人経済を豊かにし、よき家族制度の復活を目指す。（核家族化が進展し85％以上）
子や孫には人生をローン地獄から解放し、豊かな人生を享受する社会を目指す。
- ●11月８日を「いい家の日」と定め住環境の向上を目指す。
- ●学校を木造校舎にする運動。

三．シンボルマークの「いえじゅくん」

Visual Identity
Visual（ビジュアル）：視覚の、視力の、光学上の、目に見える

11月８日を「いい家の日」と決めた。その「８」をモチーフに家を図案化し、「いえじゅくん」と命名。

合言葉の「家笑う」ごとく、家が、笑いと喜びをアピール。取り囲む丸は家族が健康で円満で喜びと絆を表現している。

太い頑強な足は、基礎や土台、手は、庇で四季の太陽の光と熱をコントロールしている。屋根は陸屋根ではなく、雨仕舞の良い傾斜のある屋根で、軒は雨水から壁を保護。目と口は自然の風と光を自由に取り入れるための窓。大きく口を開けて笑っている。

合言葉は「家笑う」。

当塾の「いい家」を一目でわかりやすくアピールしてくれている。

「いい家塾のアイデンティティー」

アイデンティティーとは何か

辞書：自己同一性・自我同一性・帰属性・主体性・身元・etc

釜中流：「…らしさ」　らしさとは：「モノの本質」

◆C・I：コーポレート・アイデンティティーとは：

企業の総合戦略を世間に伝える活動で、D・I、M・I、V・I、B・Iの四つのアイデンティティーで構成。

一般的に日本ではCIといえばV・I（ビジュアル・アイデンティティ）だと思われている。（「経営ジャーナル」中堅・中小企業の革新と成長を実現するCI戦略の在り方（釜中明著から）

一．創立趣意＆事業規定

Domain Identity

Domain（ドメイン）：領土・領域

一般社団法人いい家塾は何業なのか：「賢明な消費者輩出業」と規定した。

（1）「いい家」が多くの社会問題を解決する重要な要素であると考え、住環境の改善向上に向け行動する任意のNPO組織として平成15年創立した。

（2）消費者保護を目的に、消費者と業者間の第3者機関として中立の立場で「いい家」の普及に貢献する。

（3）家を買って「こんな筈ではなかった」と後悔する人を無くすため、正しい知識と最新の情報を提供する講座を開設し、賢明な消費者の輩出を目指す。（前期21期で750名が卒業）

（4）良質な家づくりを実現するため、消費者の自立と主体性が高まるように支援する。平成24年創立10周年を期して、より社会的使命を果たすべく、一般社団法人に改組した。平成30年創立15周年記念の年を迎えた。

二．基本理念＆定義の制定

Mind Identity

Mind（マインド）：心、精神、意識、理性

〈基本理念〉

「人は家を造り、住まいは人を創る」（釜中　明）

家はハードであり、住まいはソフトであり文化です。

国家百年の計は教育にあり、教育の基盤は家庭（教育）にあると考える。多くの社会問題は「住まい」に起因する。教育の現場は家庭、学校、社会の三つ。最重要なのは家庭教育。家づくりは人づくり。人づくりは国づくり。故に「いい家づくり」が最重要と考える。「いい家とはどんな家」と呼びかけ啓蒙活動を行う。

〈定　義〉

●住まいとはなにか：「人生の基地」であり、「家族の生命と財産を護る器」である。

住人の暮らし方はソフトであり文化である。集って暮らす喜び（例二世帯三世代同居、待機児童問題も解決）もある。

著者プロフィール

釜中　明
（かまなかあきら）

1941年奈良県出身
一般社団法人＜いい家塾＞塾長
経営コンサルタント　日本ペンクラブ会員

23歳の時大阪で輸入木材業を創業、以来中小企業の経営に40年間従事。その間、海外での資源開発や企画イベントやソフト開発業、経営コンサルタント業など体験。

平成15年、NPO＜いい家塾＞を創立。講座「いい家塾」を開塾し本年の24期生で810名が卒業した。「住宅基本法」の早期制定や「建築基本法」の制定に向けて提言書を国土交通省に提出。「100年住宅で個人経済を豊かにする」などの運動を展開。また、後悔しない家づくりを呼びかけ、日本の住環境の改善向上に半世紀以上全力投球してきた。

創立10周年を期して一般社団法人に改組。人と住まいの関わりを描いた映画「木霊」の脚本を制作。

著書は、第1刊「いい家づくりの教科書」（主婦の友社）。第2刊「後悔しない家づくりの教科書II　いい家塾の家づくり」（ＪＤＣ出版）は、公益社団法人「日本図書館協会選定図書：工学・技術」になる。第3刊に「真逆を生きる」（ＪＤＣ出版）、本書が第4刊「《地球・子供・家》の危機」（東洋出版）となる。

一般社団法人＜いい家塾＞

542-0062　大阪市中央区上本町西2-6-21
e-mail：info@e-iejuku　https://www.e-iejuku.jp/
e-mail：kamanaka@aiss.jp　090-5665-9135
Fax：06-6764-5796

《地球《ちきゅう》・子供《こども》・家《いえ》》の危機《きき》

SDGs時代《じだい》の「住《す》まい」を考《かんが》える

発行日　2021年3月31日　第1刷発行

著者　釜中明（かまなか・あきら）

イラスト　とくいさとし（カバー、P181）

発行者　田辺修三
発行所　東洋出版株式会社
〒112-0014　東京都文京区関口1-23-6
電話　03-5261-1004（代）
振替　00110-2-175030
http://www.toyo-shuppan.com/

印刷・製本　日本ハイコム株式会社

ISBN 978-4-8096-8621-4
定価はカバーに表示してあります
ISO14001 取得工場で印刷しました